하느님의 연인 헨리 나웬

MICHAEL O'LAUGHLIN
GOD'S BELOVED
A Spiritual Biography of Henri Nouwen

Copyright © 2004 by Michael O'Laughlin

All rights reserved

Translated by SEO Han-Kyoo

Korean translation copyright © 2008 Benedict Press, Waegwan, Korea
Korean translation edition is published by arrangement with Orbis Books
Maryknoll, New York

하느님의 연인 헨리 나웬
2008년 2월 초판 | 2010년 5월 3쇄
옮긴이·서한규 | 펴낸이·이형우
ⓒ 분도출판사
등록·1962년 5월 7일 라15호
718-806 경북 칠곡군 왜관읍 왜관리 134의 1
왜관 본사·전화 054-970-2400·팩스 054-971-0179
서울 지사·전화 02-2266-3605·팩스 02-2271-3605
www.bundobook.co.kr
ISBN 978-89-419-0803-6 03230
값 9,500원

이 책의 한국어판 저작권은
Orbis Books와 독점 계약한 분도출판사에 있습니다.
저작권법에 따라 한국 내에서 보호를 받는 저작물이므로
무단 전재와 무단 복제를 금합니다.

마이클 오래플린

하느님의 연인 헨리 나웬

⋯

서한규 옮김

분도출판사

로버트 조너스와 피터 웨스켈,
두 분께 드립니다.

내 지난 이야기들이 묵상거리가 되고 무언가 배울 점이 있기를 바라는 마음에서 좀 더 자세히 기억해 보려 한다. 삶이 비단 나를 희생제물로 삼은 사건 사고들의 연속이었던 것만은 아니다. 그렇다. 결코 우연히 일어나는 일이란 없다. 하느님께서 사건들을 통해 나를 만드신 것이다. 나는 어루만지시는 그분의 손길을 느끼며, 그분이 일으켜 주신 놀라운 일들에 대해 감사와 찬미를 바치도록 부름 받았음을 깨닫고 있다.

헨리 나웬 『제네시 일기』

Contents

감사 • 9
들어가며 • 11

1
출생과 생애 전반기 • 29

2
헨리 나웬의 심리 • 69

3
학자? 예술가! • 101

4
하느님 식탁에서 • 127

5
언제나 예수를 마음 안에 • 145

6
영성과 기도 • 185

맺으며 • 211
옮기고 나서 • 215

■■■감사

이 책은 헨리 나웬Henri Nouwen이 죽은 뒤 많은 사람과 이야기 나누면서, 또 헨리에 관한 책이나 연대기를 참고하여 맺은 결실입니다. 도움 받은 곳은 많으나, 나는 특히 로버트 조너스Robert A. Jonas와 피터 웨스켈Peter Weiskel에게 이 책을 헌정하고 싶습니다. 나의 친구이자 헨리 나웬의 친구인 두 사람과 나눈 대화를 통해서, 다른 어떤 자료보다 많은 정보를 얻을 수 있었기 때문입니다. 이들 말고도 헨리 나웬을 더 잘 이해하고 그의 특별한 가르침을 받아들이려 했던 수많은 사람과 지속적으로 만나면서, 여러모로 볼 때 이 책을 펴내는 것이 나름대로 가치가 있겠다는 생각이 들었습니다.

헨리는 아주 매력적인 사람입니다. 세상을 떠났지만, 우리는 여전히 그의 가르침 안에 살고 있습니다. 헨리를 좋아했다는 이유만으로 얼마나 많은 이가 이 책을 읽을지는 몰라도, 그들과 한마음으로 감사드리고 싶습니다. '나웬 센터'나 '나웬 협회'도 있지만, 우리에게 진정 소중한 이들은 '헨리를 사랑하는 모임'입니다. 그들 모두에게 진심 어린 감사를 전합니다.

그 밖의 특별한 도움에도 감사드립니다. 책을 쓰면서 어려운 고비를 맞았을 때, 나웬 센터와 미국 나웬 협회에서 빌린 자료를 통해 고민을 해결할 수 있었습니다. 나와 어머니 앨리스 오래플린Alice O'Laughlin에게 많은 자료를 빌려 주고 심리학 부분에 도움을 준 로버트 콕스Robert Cox에게도 감사드립니다. 로렌트 나웬 주니어Laurent Nouwen Jr.는 가족에 관한 귀중한 이야기를 들려주었고, 루이스 터 스티그Louis ter Steeg는 네덜란드에서의 헨리를 되살려 주었습니다. 존 코케인John Cockayne 신부는 고맙게도 자청하여 내용을 검토해 주었습니다. 모두에게 감사드립니다. 끝으로 로버트 엘스버그Robert Ellsberg와, 유익한 책들을 많이 펴내는 오르비스 북스Orbis Books의 모든 직원에게도 감사의 말을 전합니다.

■■■ 들어가며

새벽

네덜란드의 사제이자 영성 작가인 헨리 나웬은 1996년에 세상을 떠났습니다. 모든 사람이 그의 이름을 알고 있는 것은 아니지만, 세상을 떠날 즈음 그는 꽤 유명한 가톨릭 작가 가운데 한 사람이 되어 있었습니다. 가톨릭 신자나 영어권 사람들만 그의 책을 읽는 것은 아닙니다. 전 세계 모든 그리스도인이 읽습니다. 종교 작가로서 그의 명성은 대단한 것이었습니다. 일례로 오프라 윈프리가 힐러리 클린턴에게 『오프라 매거진』 독자들을 위해 책을 권해 달라고 하자, 힐러리는 암울했던 백악관 시절 큰 위로가 되었던 책으로 헨리 나웬의 책을 추천했습니다.[1]

헨리 나웬의 책은 기도나 사목 같은 영적 문제를 다루고 있을 뿐만 아니

---

[1] Henri Nouwen, *The Return of the Prodigal Son: A Meditation on Fathers, Brothers and Sons* (New York: Doubleday 1992). *'O' The Oprah Magazine* (July–August 2000).

라 고독이나 빈부 문제 같은 실존적 주제도 다루고 있습니다. 출판된 일기에서도 볼 수 있듯이 그는 영적 체험을 통해서 끊임없이 자신의 삶에 대해 이야기해 왔습니다. 광범위한 영적 문제에 관한 책에서도 그가 제시한 대부분의 사례는 스스로의 삶에서 비롯된 것이었습니다. 그는 글을 쓰면서 가능한 한 추상성을 배제했습니다. 그의 글은 모두 현실 세계와 개인에 관한 것이었습니다. 스스로의 경험과 선택, 관심사에 관해 글을 써 나가면서 헨리 나웬의 삶과 메시지는 점점 닮아 가기 시작합니다. 삶과 저서는 마침내 그렇게 일치하게 됩니다. 나는 여러분이 책을 통해 그의 삶의 많은 부분을 접하게 되기를 바랍니다.

헨리 나웬의 삶은 참으로 흥미롭습니다. 유명한 영성 작가가 되고 나서도 그는 미디어에 신경 쓰거나 특별한 생활양식을 따르지 않았습니다. 오히려 영성 생활을 확실히 실천하기 위해서 많은 강연을 거절했고 예일 대학교와 하버드 대학교의 교수 자리도 마다했습니다. 오히려 그는 시토회 Cistercian 수도원의 침묵 관상에 참여하는가 하면, 제3세계 선교사가 되기 위해 페루 리마 근처의 빈민촌에서 봉사 활동을 하기도 했습니다.

그렇게 시야가 넓어지고 새로운 차원의 작품을 써 내고 강의를 하면서도 그는 만족할 수 없었습니다. 영적으로 지지받으면서 '고향에 돌아온' 듯한 느낌을 찾고 싶었습니다. 삶과 소임에서 더욱 기쁨을 누리고 싶었습니다. 친밀함을 바탕으로 오랫동안 일할 수 있는 곳을 찾아야 했습니다.

인기 작가요 사제인 그가 자기를 받아 줄 곳을 찾는다는 것이 이상하게 느껴질지도 모르겠습니다. 그러나 큰 성취에도 불구하고 오랜 세월 그를 따라다닌 불안감의 그림자를 완전히 떨쳐 버릴 수 없었습니다. 사람들 대부분이 타인과의 우정이나 하느님과의 진정한 친교를 속으로 갈망하고 있다면, 헨리 나웬은 그것을 드러내 놓고 추구하는 사람이었습니다.

헨리 나웬이 그런 우정과 친교를 열정적으로 추구하던 시기에 그를 알고 지낸 사람들 대부분은 나와 마찬가지로, 끝없는 그의 영적 여정을 목도할 수 있었습니다. 여기서 조금 더 깊이 살펴봅시다. 그가 소망하던 부르심은 언제나 곤경과 아픔을 수반하고 있었습니다. 거기에 모든 표징이 있었습니다. 새롭고 희망찬 시도를 통해 호기심과 지식을 채우고도 결국 남는 것은 실망뿐이었습니다. 자신이 찾는 공동체를 스스로 만들어야 하는 것이 아닌가 염려되기도 했습니다. 그러나 좌절이 거듭될수록 목표에 대한 열망 또한 커졌습니다. 시행착오를 통해 자기 최선의 의무와 하느님의 뜻을 더욱 잘 이해하게 되었습니다. 사실 대학 교수, 수도승, 선교사 모두 특별한 영감을 받아 선택한 길은 아닙니다. 교회의 자녀라면 어렵지 않게 택할 수 있는 길이었습니다. 많은 사람이 영적 갈망을 채우기 위해 수도원과 선교회를 택하지만, 헨리 나웬에게는 이것만으로는 부족했습니다. 그의 개성이 너무 특출했기 때문입니다.

그러나 하느님께서 누군가의 삶에 개입하시는 경우가 대개 그러하듯이, 헨리 나웬에게도 놀라운 길이 나타났습니다. 영적 고향을 찾는 그의 바람은, 하버드 대학교가 점점 불편해져 가던 1985년에 이루어집니다. 몇 차례 예비 접촉 후에 그는 '새벽'Daybreak 공동체에 지도신부로 가게 됩니다. '새벽'은 라르슈L'Arche의 캐나다 토론토 지부로, 정신적·육체적 장애를 가지고 있는 '핵심 멤버'들을 돌보는 데 전념하는 범교파적·국제적 공동체입니다. 나웬은 '새벽'을 '산상설교의 정신으로' 사는 공동체라고 표현한 바 있습니다. '새벽'에 매력을 느끼면서도 자신의 기도에 대한 응답이 바로 그곳임을 예전에는 미처 깨닫지 못했던 것 같습니다. 장애를 가진 조카가 있었지만 그 자신이 장애인과 함께 살면서 봉사하는 날이 오리라고는 꿈에도 생각지 못했던 것입니다.

'새벽'은 특별한 곳입니다. 때때로 대학생들이 1년 정도 이곳으로 살러 오는데, 그 모습은 마치 성공을 추구하는 대신 삶의 풍성한 의미를 찾으라는 나웬의 가르침을 실천하는 것처럼 보입니다. 장애인들의 연약함과 너그러운 마음에 헨리 나웬 자신도 경계를 풀었습니다. 그곳에는 연민과 친밀함이라는 특별한 공기가 흐르고 있습니다. 헨리는 상처받은 사람들 각자에게도 꼭 필요한 역할이 있음을 깨달았습니다. 우리가 어디에 있든지 공동체를 이룰 수 있다고 그는 늘 강조했습니다.

공동체가 자신을 그저 '한 사람'으로 받아 준 데 대해 그는 조심스러워하면서도 놀라움과 기쁨을 숨기지 않았습니다. 그곳에서는 저명 교수나 지도자로서 남들의 기대에 따라 살 필요가 없었습니다. 그런 기대를 하는 사람이 아예 없었습니다. 나웬의 책을 읽고 싶어도 읽을 수 없는 장애인 공동체가 오히려 바깥세상의 그 어느 공동체보다 그리스도교적이었습니다.

헨리 나웬은 '새벽'의 지도신부로 초대된 것을 영적 부르심으로 받아들였습니다. 그리고 부르심에 따라 보스턴을 떠나 토론토로 갔습니다. 배우고 적응하는 동안 그는 공동 숙소에서 장애인들과 함께 지내면서 자질구레한 일들을 처리하게 되었습니다. 그곳에서 가장 장애가 심한 사람을 돌보기도 했는데 이것이 그에게 매우 구체적인 경험이 되었습니다.

마음을 다해 스스로를 정화하는 체험의 시간이었습니다. 물론 어려움도 많았습니다. 이전의 학구적 삶과는 너무나 다른 생활이었기 때문입니다. 달변가 헨리 나웬이 말을 알아듣지 못하는 사람들과 살아야 했습니다. 거동이 힘든 사람들과 살아야 했습니다. 그러나 헨리 나웬은 점점 그들의 관심과 사랑을 얻게 됩니다. 라르슈의 삶을 통해 그는 숱한 강연과 분주하고 들뜬 생활에서 멀어지는 데 성공했습니다. 인기를 좇기보다는 라르슈에서 공동체와 우정, 사람을 돌보는 직무에 전념했습니다.

우정

헨리 나웬의 뛰어난 매력 가운데, 다른 사람과 쉽게 친해지는 능력이 있습니다. 그는 말 그대로 수천 명의 사람과 개인적으로 친밀한 관계를 가질 수 있었습니다. 성실하고 관대하며 늘 활기에 넘치는 그는 언제나 관심의 대상이었고 사람들에게 많은 도움을 베풀었습니다. 그리고 그들 모두에게 저마다 자신이 특별하고 소중하다는 사실을 느끼게 해 주었습니다. 헨리는 사람들 마음 깊은 곳에 있는 근원적 힘을 끌어낼 수 있는 사람이었습니다. 직접 방문은 물론이고 편지, 전화, 소포 등을 통해 그는 수많은 사람의 소중한 벗이자 믿음직스런 조언자가 되었습니다. 언젠가 한 번은 그가 꽃집에서 일을 도왔는데, 아니나 다를까 장사가 퍽 잘되었다고 합니다.

그는 특출한 두 삶을 동시에 살았던 것 같습니다. 어쩌면 서너 가지의 삶이었는지도 모르겠습니다. 통찰력 있는 작가로서 많은 작품을 펴낸 그는 위대한 설교가이자 뛰어난 교사이기도 했습니다. 사람들은 그를 만남으로써 특별한 체험을 할 수 있었습니다. 헨리가 죽은 뒤에 잇달아 출판된 책들에 담긴 감사의 글들에서 알 수 있듯이, 그와 친분을 유지한 벗과 지지자들에게 헨리 나웬은 빛과 해방을 선사했던 것입니다.[2]

비범한 친분 가운데 이런 경우도 있었습니다. 예일 대학교 교수였던 1980년, 나웬은 자신을 취재하러 온 젊은 잡지사 기자와 인터뷰를 가졌습니다. 그런데 인터뷰가 시작되고 얼마 지나지 않아 둘의 위치가 뒤바뀌고 말았습니다. 세속적이고 냉소적인 유다계 뉴요커 기자에게 나웬이 오히려 질문을 하면서 사목적인 조언까지 하게 된 것입니다.

---

[2] Beth Porter, ed., *Befriending Life: Encounters with Henri Nouwen* (New York: Doubleday 2001).

젊은 기자의 고민과 좌절 앞에서 인터뷰는 더 이상 중요하지 않았습니다. 나웬은 젊은이의 꿈이었던 소설 작업에 전념하라고 용기를 북돋아 주었고, 현실적으로 불가능하다는 대답에는 그를 예일 대학교로 부르겠다는 해결책을 제안합니다. 프레드 브래트먼Fred Bratman이라는 이 젊은 기자에게 돈을 벌면서 소설을 쓸 수 있는 길을 제안한 것입니다.

이리하여 공통점이라곤 없는 둘의 특별한 우정이 시작됩니다. 브래트먼은 생면부지의 자신에게 베풀어지는 엄청난 호의에 의아해했지만 이내 헨리 나웬이 사람들을 대하는 특별한 방식을 이해하게 되었습니다.[3] 서로 다른 사고방식을 지닌 두 사람은 오래도록 각별한 우정을 나누게 됩니다. 브래트먼이 뉴욕으로 돌아가고 나웬이 다른 곳으로 옮겨 간 이후에도 두 사람은 계속 만나며 좋은 관계를 유지합니다. 나웬은 브래트먼을 위해 『사랑받는 사람의 삶』*Life of the Beloved*이라는 책을 출간하기도 합니다.

네덜란드 가톨릭교회라는 좁은 울타리 안에서 성장한 헨리 나웬은 제2차 바티칸 공의회를 경험하고, 개신교 신학교에서 강의하면서, 자신을 더욱 확장시켜 나갑니다. 프레드 브래트먼 같은 이들과의 관계도 나웬의 시야를 넓히는 데 도움이 되었습니다. 하느님 아버지와 예수 그리스도는 그리스도 교회보다 위대하시고, 그리스도를 통해 모든 이가 하느님의 애정 어린 은총을 받는다는 사실을 그는 서서히 깨닫게 되었습니다. 『사랑받는 사람의 삶』은 이런 새로운 통찰력을 드러내는 용감한 시도였습니다.

그런데 프레드 브래트먼과의 우정만 유독 특별한 것은 아니었습니다. 헨리 나웬은 새로운 방향으로 끊임없이 손을 뻗어 가며 자신의 식견을 재

---

3 Henri Nouwen, *Life of the Beloved: Spiritual Living in a Secular World* (New York: Crossroad 1982) 9-21; Fred Bratman, "Making Dreams Come True", in Porter, *Befriending Life*, 245-247에 두 사람의 우정이 더 자세히 묘사되어 있다.

정립했습니다. 잘 알려진 저서, 『손을 내밀며』Reaching Out는 헨리 나웬 영성의 기본 특징을 보여 줍니다. 타인에 대한 성실한 봉사가 개인적 동기에서 비롯된 것이라 해도, 도처에서 정열적으로 사람들을 만나는 모습은 분명 그리스도교적인, 즉 그리스도를 닮은 모습입니다.

이 점이 헨리 나웬의 뛰어난 재능이자 사목의 핵심입니다. 스스로 배우고 경험한 바의 한계를 넘어 나아갈 때도 그는 그리스도교적 관점과 정체성을 견지했습니다. 그리고 독자나 주변 사람들이 그리스도교 복음의 핵심에 대해 곰곰 생각하도록 도우면서 그들과의 관계를 유지했습니다.

쉴 새 없이 성경을 떠벌리지는 않았지만 설교할 때는 물론이고, 식사할 때, 운전할 때조차 복음 말씀을 떠나지 않았습니다. 그는 복음대로 사는 사람이었고, 그가 만난 수많은 사람에게는 등대와 같은 존재였습니다. 그는 alter Christus(또 다른 그리스도)로 표현되는 '사제직'에 대한 표양을 몸소 삶으로 보여 주었습니다. 그는 정말로 또 다른 그리스도 같았습니다.

무능한 사람

헨리 나웬은 '또 다른 그리스도'이면서 자신만의 십자가의 길via dolorosa을 가는 고통의 사람이기도 했습니다. 하느님께서 그에게 주신 재능은 다른 이들에게 도움이 되었지만 정작 자신에게는 별 위안이 되지 못했습니다. 라르슈의 일원이 된 후에도 종종 침착성을 잃거나 변덕스러워졌고 맡은 일을 처리하지 못하기도 했습니다. 연설가, 작가, 상담가로서 탁월한 능력을 발휘했지만, (샌드위치 만드는 것처럼) 단순하고 일상적인 일은 잘하지 못했습니다. 유명 인사들, 특별한 재능으로 각광받는 사람들이 대개 그렇듯이, 헨리 나웬도 자기 재능 이외의 방면으로는 아주 무능했습니다.

그렇게 재능과 한계를 동시에 지닌 사람들은 대중에게 자신의 결함을 보이지 않으려고 주위의 도움을 받기도 합니다. 나웬에게도 부족한 면을 도와줄 사람들이 분명 있었지만 그는 그런 모습을 감추려 하지 않았습니다. 오히려 공동체에 들어가 장애인을 돌보며 강도 높은 육체노동과 자질구레한 일을 하는 쪽을 택했습니다. 라르슈에서 그는 스스로의 무능력과 직면하면서 일상사를 수행하는 법을 배워야 했습니다. 피할 수도 있었지만 그는 겸손하게 받아들였고, 공동체 생활의 어려움 속에서 오히려 정서적으로 충만한 안정에 도달할 수 있었습니다.

새로운 역사

세상을 떠난 뒤 헨리 나웬에게는 더 뜨거운 감사와 사랑이 쏟아졌습니다. 작가이자 사제이며 수많은 이의 영적 지도자요 친구였던 그가 죽은 뒤에 일어난 새로운 현상들입니다. 사람들은 그를 그리워했고, 시간이 갈수록 그가 아주 특별한 사람이었음을, 즉 훌륭한 작가이자 좋은 친구였을 뿐만 아니라 하느님께서 그리스도교 공동체에 보내신 빼어난 인물이었음을 깨닫게 된 것입니다. 헨리 나웬에 관한 책과 그의 작품을 토대로 한 책들이 출판되고, 그를 다룬 영화가 제작되었습니다. 세미나, 피정, 국제회의가 열리기도 했습니다. 미국, 캐나다, 네덜란드, 칠레에는 헨리 나웬 협회가 생겨났고, 토론토 대학교에는 헨리 나웬 기록 보관소와 헨리 나웬 저작물 센터가 세워졌습니다. 모두가 중요한 움직임이 아닐 수 없습니다. 그가 우리에게 남기고 간 것들에 관해 완전히 새로운 역사가 쓰이고 있습니다.

이 책의 상당 부분도, 우리 기억 속에 남아 있는 헨리 나웬에 관한 것입니다. 하느님의 특별한 은총과 메시지를 안고 세상에 파견된 이 사람에게서, 다른 이들처럼 나 역시도 가능한 한 많이 배우고자 합니다. 하지만 나웬의 발자취를 따르기란 결코 쉽거나 간단치 않습니다. 그는 매우 독특한 사람이었고 그 삶의 태도는 다른 이들이 받아들이기에 대단히 힘든 것이었습니다. 그럼에도 불구하고 기도, 공동체, 삶에 관한 메시지를 구하기 위해 우리는 여전히 그의 뒤를 따르고 있습니다.

상처 입은 예언자

알면 알수록 매력적인 사람입니다. 그를 더 잘 이해하고 싶습니다. 그는 분명 특별한 사람이며 놀랍고도 복잡한 사람이었습니다. 헨리 나웬이 우리에게 남긴 숙제 가운데 가장 중요하고 어려운 숙제는 그의 모습을 정확히 그려 내는 것입니다. 복잡한 그의 특성, 그리고 비범한 삶과 소임 안에 활동하시는 하느님의 미묘하고 강력한 손길 때문에, 헨리 나웬의 정확한 모습을 그려 내기란 쉽지 않습니다. 개인적 심리의 일면과, 교회의 직무와 영성에서 비롯된 면을 구별하는 것도 쉽지 않습니다.

뛰어난 작가 몇몇은 이미 이 작업을 시도했습니다. 헨리 나웬에 대해 글을 쓰려면 신학과 심리학에 정통해야 함은 물론이고, 영성적 바탕이 마련되어 있어야 하며, 각각의 분야에서 바라본 관점이 균형을 이루어야 하기에, 그 작업은 대단히 어렵습니다.

헨리 나웬의 삶과 메시지를 이해하려고 처음으로 시도한 사람은 네덜란드의 개신교 목사였습니다. 위르옌 뵈머Jurjen Beumer가 쓴 『헨리 나웬: 하느님에 대한 쉼 없는 추구』*Henri Nouwen: A Restless Searching for God*는 헨리 나웬의 삶과 배경, 영성을 향한 노력을 상세히 다루고 있습니다. 이 책이 처음 네덜란드에서 출판되자, 헨리는 자신이 쓴 책이 아니라 자신에 대해 쓴 책이 나왔다면서 기뻐하며 우쭐해했습니다.

그가 죽은 뒤 그를 말해 줄 책이 더욱 절실해졌습니다. 그중 주목할 만한 책은, 영국의 신학생이며 언론인인 마이클 포드Michael Ford가 쓴 『상처 입은 예언자: 헨리 J.M. 나웬의 초상화』*Wounded Prophet: A Portrait of Henri J.M. Nouwen*입니다. 이 책은 지금까지 알려진 책들 가운데 가장 예리하게 헨리 나웬을 파헤칩니다. 거의 폭로성 기사나 다름없는 이 책, 『상처 입은 예언자』는 출간되자마자 상당한 물의를 일으켰습니다. 여기에는 헨리 나웬 살아생전 아주 가까운 이들만 알던 은밀한 비밀인 그의 동성애적 성향이 폭로되어 있기 때문입니다. 『상처 입은 예언자』는 나웬이 죽은 이듬해에 가족과 가까운 친구들을 인터뷰한 내용으로 이루어졌습니다. 불같은 성격을 지녔던 위대한 인물의 결점과 한계를 이해하려 노력하면서 그들이 느꼈던 상실감과 혼란을 반영하고 있는 책입니다.

『상처 입은 예언자』는 따뜻한 벗의 시각으로 헨리를 바라보는 것이 아니라 오히려 그의 결점과 불안정한 심리에 초점을 맞추고 있습니다. 그러나 마이클 포드의 정직하고 날카로운 서술에도 불구하고 이 책은 '헨리'의 모습을 제대로 그리지 못했다는 평가를 받았습니다. 그의 심리 상태를 부정적으로만 보았기 때문에 균형을 이루지 못한 것입니다. 『상처 입은 예언자』에서 헨리 나웬은 타산적이고 속임수를 쓰는 인물로, 상처 입은 것을 넘어 거의 불구의 모습으로 그려집니다. 나와 몇몇 사람들의 생각에 이것은 나웬의 참모습이 아닙니다.[4] 그럼에도 불구하고 『상처 입은 예언자』만큼, 헨리 나웬의 삶에서 쟁점화된 문제들을 직접 다루면서 많은 정보를 제공한 책은 없었습니다.

---

[4] Michael O'Laughlin, "Flying with the Dutchman: A Review of Two Recent Books about Henri Nouwen", *Christian Spirituality Review* 7:2 (1999) 21-25.

나웬이 죽고 얼마 후, 그의 절친한 벗 로버트 조너스는 그에 관해 짧지만 믿을 만한 책을 출간했습니다. 나웬을 처음 만났을 당시 조너스는 심리치료사였고 지금도 영적 지도자로서 많은 사람을 상담하고 있습니다. 조너스는 나웬과 나눈 은밀한 대화와 관련하여 사적이고 민감한 부분에 관해서는 함구했지만, 그의 모습 전반을 서술하면서 문제되는 성향을 언급하기도 했습니다. 조너스에 따르면 헨리 나웬은 뛰어난 재능을 가진 성직자였으며, 그의 삶에서 예수 그리스도는 월등하고 합당한 자리를 차지하고 있었습니다. 오르비스 북스의 '현대 영성가 시리즈'Modern Spiritual Masters Series 중 한 권인 조너스의 책 제목은 『헨리 나웬』입니다.

댈러스 침례 대학교의 데어드레 라누Deirdre LaNoue가 헨리 나웬을 주제로 쓴 박사 학위 논문은 2000년에 책으로 출간되었습니다. 애초에 학문적으로 쓴 논문이었기에 이 책에서는 사실에 근거한 정보와 헨리 나웬에 대한 참고 문헌을 많이 소개합니다. 헨리 나웬의 사상을 요약하며 그 영성으로 우리를 안내해 주는 이 책의 제목은 『헨리 나웬의 영적 유산』The Spiritual Legacy of Henri Nouwen입니다.

마이클 포드의 『상처 입은 예언자』에 대해 조금은 반발하는 심정으로 나는 이 책을 쓰고 있습니다. 그러나 한편으로는 헨리 나웬 영성의 빛과 어둠 양면을 모두 보여 주었다는 점에서 포드에게 빚을 진 느낌입니다. 그의 책은 헨리 나웬에 대한 심도 있는 고찰의 시발점이라고 생각합니다. 포드는 헨리 나웬을 잘 알지는 못했지만 그에 관해, 특히 심리에 관해 언급함으로써 헨리 나웬에 대한 연구와 발전을 불러일으키는 데 거듭 기여했습니다. 헨리에게는 분명 심리적 문제가 있었습니다. 덕분에 비범한 재능이 돋보이거나 때로는 훼손되었습니다. 우리가 그의 심리적 문제를 안다고 해서 그를 다 알게 되는 것은 물론 아닙니다.

나는 더 넓게 보아야 한다고 생각합니다. 헨리 나웬은 자기 자신이 됨으로써 서방세계의 그리스도교적 수행법을 변화시켰습니다. 이로써 나웬도 영국의 루이스C.S. Lewis, 미국의 토마스 머튼Thomas Merton과 빌리 그레이엄Billy Graham, 유럽 대륙의 로마노 과르디니Romano Guardini 같은 인물들의 범주에 들 수 있을 것 같습니다. 오늘날 포용과 겸손의 자세로 타종교와의 일치를 모색하고, 제2차 바티칸 공의회 정신을 따르며, 예수와 성경에 다시금 초점을 맞추려는 그리스도 교회의 움직임 안에서, 헨리 나웬은 우리가 나아갈 길을 제시하는 상징적 인물이 되었습니다.

그는 그리스도 체험의 본질은 굳게 고수하면서도 의혹과 결점 등을 솔직히 표현하는 태도를 견지했습니다. 대학 강의실과 교회 지식인들 사이에 널리 퍼져 있던 현대적이고 지성적인 신학은 그와 아무런 관련이 없었습니다. 오히려 그는 의도적으로 지성의 문제를 피해 책을 썼습니다. 평이한 글로 사람들의 마음에 호소했습니다. 하느님에 의해 깨지며 마음을 여는 과정에서, 그는 적극적이고 탐구적인 자세로 신앙의 영적 통찰력을 창조해 냈습니다. 『거룩한 갈망』The Holy Longing을 헨리 나웬에게 헌정한 로널드 롤하이저Ronald Rolheiser는 이렇게 말합니다.

> 그는 우리 시대의 키르케고르Kierkegaard입니다. 자신의 노력을 나눔으로써 그는 우리가 기도하는 법을 모를 때 기도하게 해 주었고, 쉬지 못할 때 쉬게 해 주었습니다. 유혹을 받을 때 평화를 찾아 주었고, 근심 걱정이 있을 때 안심시켜 주었습니다. 어둠 속에 있을 때 빛의 구름에 둘러싸이게 해 주었고, 의혹 속에서도 사랑하도록 도와주었으며, 모든 것을 가르쳐 주었습니다.[5]

롤하이저의 말대로, 나웬의 믿음과 그가 전한 메시지는 확신이 부족한 이 세상에 꼭 필요한 것이었습니다. 그는 기존 권위가 의심받는 시기를 살았습니다. 현대의 고립된 생활양식과 세속적 사고, 끝없이 밀려드는 과학적 진보에 치여 이전 세대의 믿음과 종교적 관습이 침식당하자, 그리스도인들은 의심과 불신에 빠지게 되었습니다. 많은 사람이 공동체와 수도원과 사제직과 교회를 떠났습니다.

교회에 남아 있는 신자들도 더 이상 과거의 편협함을 따르지 않았습니다. 세속적 인문주의라는 대중적 신념 또는 과학적 신화를 따르지도 않았습니다. 20세기 후반의 변화하는 문화 속에 새롭게 대두한 그리스도교 정신은 세련된 참여, 정직과 개방성, 의혹에 대한 포용력을 기반으로 하고 있습니다. 전통과 순종, 맹목적 믿음과 두려움에 근거하던 시대는 지나갔습니다. 서방세계의 그리스도교가 모두 불에 타 버리고 난 뒤 잿더미에서 소생하려는 이 변화의 시기에, 헨리 나웬은 많은 이에게 귀감이 되었습니다. 세상과 사회와 교회가 큰 변화를 겪는 중에도 그리스도의 복음 말씀대로 충실하게 사는 좁은 길이 있음을 그는 알려 주었습니다.

카리스마

나는 헨리 나웬의 삶과 직무에 특별한 카리스마가 작용하고 있다고 믿습니다. 그가 시대와 조화를 이룬 것이 아니라 이 시대의 많은 사람이 헨리 나웬과 조화를 이룬 것입니다. 열정과 자유, 사랑과 성실함으로 글을 쓰고 몸소 실천해 보인 그의 사목이 그리스도교 안에서 구체적 실천으로 발전

---

5 Ronald Rolheiser, *The Holy Longing: The Search for a Christian Spirituality* (New York: Doubleday 1999) 5.

했음을 의미하기도 합니다. 그는 마더 데레사나 달라이 라마처럼 성인에 가까운 사람이라기보다는 오히려 우리와 비슷한 사람이었습니다. 그 자신도 스스로를 사제보다는 예수 그리스도를 완전히 신뢰하지 못하는 보통 신자 쪽에 가깝다고 여겼습니다. 자기 이름의 가운데 이니셜 'J.M.'은 'Just Me'⁶를 뜻한다고 헨리가 말한 적이 있는데, 이것은 자신의 자아의식을 축약한 것입니다. 헨리 나웬은 보통 사람처럼 살았습니다. 누구를 만나든지 상대방의 수준에서 대화하려고 노력했으며, 한 사람 한 사람 모두에게 친구로서 손을 내밀고 감동을 선사해 주었습니다.

최근에 나는 아일랜드 출신의 은퇴한 노동자인 마이클 플러드Michael Flood라는 사람을 만났습니다. 플러드는 헨리 나웬의 도움과 기도 덕분에 암이 치유되었다고 믿고 있습니다. 그가 들려준 이야기는 이미 들었던 많은 이야기와 비슷했습니다. 죽음을 앞두고 있던 어느 날, 마이클 플러드는 그리스도교에 대해 더 잘 알고 싶다는 내용으로 얼굴도 모르는 헨리 나웬에게 편지를 보냈습니다. 헨리의 답장이 형식적이지 않았음은 물론입니다. 그는 플러드에게 손을 내밀어 둘은 친구가 되었습니다. 두 사람은 오랫동안 편지를 주고받고 함께 시간을 보냈습니다. 플러드의 친구 하나가 "나웬같이 훌륭한 사람이 자네처럼 촌스럽고 보잘것없는 노동자와 시간을 보내는 이유가 뭔가?" 하고 묻자, 플러드는 미리 준비한 듯 아일랜드 민요풍으로 대답했습니다. "그런 질문을 하는 것 자체가, 자네는 헨리 나웬에 대해 아무것도 모른다는 뜻이라네!"

나웬은 성찬 전례에서 성배를 들어 올리는 순간 플러드의 치유를 위해 기도하겠노라고 약속했습니다. 그리고 실제로 마이클 플러드는 암이 치유

---

6 Henri Nouwen, *Life of the Beloved*, 44.

되었습니다. 실로 기적 같은 일이었습니다. 플러드는 이 모두가 나웬의 기도 덕분이라고 믿고 있습니다. 마이클 플러드와의 관계는, 헨리 나웬이 관심을 가지고 서로 친구가 되어 성장과 치유에로 이끄는 무수한 관계 가운데 하나였습니다. 그는 사람들과 함께 있을 때 더욱 빛을 발하는 특별한 은총과 재능을 지니고 있었습니다. 그는 참으로 '하느님의 사람'이었습니다. '하느님의 사람'은 고대 이스라엘에서 예언자를 일컫는 말이었습니다. 헨리에게도 그런 예언자들과 같은 재능이 있었습니다.

이 글을 쓰고 있는 지금, 헨리 나웬이 죽은 지 어느덧 8년이지만 그는 여전히 나에게 신비이고 영감의 원천입니다. 많은 이가 함께 나누고 있는 그의 특별함이 무엇인지 여전히 궁금합니다. 영적 관점에서 그의 삶은 어떤 의미가 있을까요? 나나 혹은 다른 누군가가 헨리 나웬의 영성을 따르려면 어떻게 해야 할까요?

참으로 헨리 나웬은 이 세상 곳곳에서 그리스도인들이 선포하고 있는 '말씀'의 전달자였습니다. "그대도 보다시피, 믿음이 그의 실천과 함께 작용하였고, 실천으로 그의 믿음이 완전하게 된 것입니다"라는 야고보 서간 2장 22절의 말씀처럼, '말씀'을 그저 듣기만 하고 아무것도 실천하지 않으면, 즉 말씀대로 살지 않으면 영적으로 실패한 사람이 됩니다. 그것은 성장하고 생명을 얻는 것이 아니라 어떤 의미에서 죽어 가는 것입니다. 그러므로 우리가 헨리 나웬의 영성을 생생하게 따르려면 그의 책을 읽는 것만으로는 부족합니다. 정말 잘 따르고 싶다면 그가 우리에게 보여 준 바와 같이 하느님의 길이 여기 이 세상에 있음을 우리도 다른 사람들에게 보여 주어야 합니다. 그 메시지를 받아들여 실천해야 합니다.

물론 우리는 헨리 나웬이나 또 다른 과거의 인물(위대하고 영향력 있는)에 빠져 시간을 보내는 것이 정말로 바람직한지 자문해 볼 수 있습니다. 헨리 나웬의 가르침대로라면, 그리스도인은 매 순간 하느님 앞에 서 있어야 하는 것이 아닌가요? 하느님 아닌 다른 누군가에게 빠져 있다면 어떻게 우리가 진실로 완전히 '존재'할 수 있을까요?

하느님과 단둘이 머물면서 다른 사람은 생각하지 않는 내적 영역으로 들어가는 법을 배워야 함은 마땅합니다. 그런데 이것 또한 앞서 간 사람들에게서 배운 것입니다. 하느님과 머물며 진정한 영성을 찾고자 노력하는 것 또한 사람들의 전통을 따르는 행위입니다. 우리는 자신이 그리스도 신앙을 창조하거나 처음 발견한 것이 아님을 깨닫게 됩니다. 그리스도 신앙은 한 사람에게서 다른 사람에게 전해지고 함께 나누는 것입니다. 전해 내려오면서 발전하고 성장하고 변화합니다. 헨리 나웬도 그가 전해 받은 신앙을 탁월하게 발전시키고 그 신앙과 조화를 이루었음이 분명합니다. 그는 다른 사람에게 배운 것을 더 풍성하게 발전시켰습니다. 우리도 헨리가 그랬던 것처럼 그가 전해 준 신앙을 폭넓게 받아들여야 합니다.

살펴보기

이 책은 영적 전기입니다. 이 말은 무슨 의미일까요? 헨리 나웬의 삶의 형태나 의미에 대해 숙고하는 부분은 있겠지만 그의 출생에서 죽음에 이르는 연대기적 서술은 아니라는 뜻입니다. 나는 헨리의 삶과 그의 가르침을 영적인 눈으로 보려 했고, 이것을 탐구하는 것이 얼마나 중요한지를 깨달았습니다. 무엇보다도 미처 드러나지 않은 새로운 모습을 밝혀 그를 제대로 평가하는 데 도움이 되고 싶습니다.

고향과 성장기부터 시작하겠습니다. 헨리 나웬의 특별한 재기才氣와 관심 분야를 살펴보기 위해 이 부분에서부터 시작하는 것이 당연합니다. 그

다음으로 그의 심리를 다룰 것입니다. 그는 복잡한 사람이라는 평을 많이 듣는데, 이제 더 깊이 파고들어가서 심리적으로 어떤 문제가 그를 힘들게 했는지 살펴봐야겠습니다. 사실 나는 그의 불안한 마음과 인격에 분명 어떤 문제가 있었다고 봅니다. 그를 정확히 평가하는 데 있어 반드시 고려해야 하는 점입니다. 그러나 심리적 문제로 그가 고통스럽기만 했던 것은 아니라고 믿습니다. 이 문제를 드러내 놓고 이야기하기를 꺼리지 않았기에, 그의 삶은 다른 이들에게 귀감이 될 수 있었던 것입니다.

헨리 나웬이 영성의 문제에 접근하는 방법은 확실히 독특하고 개인적인 것이었는데, 그 방법을 이해한다면 그의 진가를 더 잘 알게 될 것입니다. 그가 말하고 글을 쓰는 방식은 신학적이라기보다는 오히려 예술적인 데서부터 시작된 것 같습니다. 그의 삶에서 예술은 어떤 위치를 차지하고 있었을까요? 몇몇 문학가와 시각 예술가들이 헨리에게 끼친 영향은 지대합니다. 아마도 그는 예술가들이 사물을 다루고 작업하는 방식을 통해 영적 수행법을 익혔을 것입니다.

이 책의 마지막 세 장은 헨리 나웬의 유산 가운데 핵심이 되는 몇 가지 주제를 다루었습니다. 이 주제들 일부는 그가 의도적으로 발전시킨 것입니다. 그가 관심 있는 것들을 발전시키는 과정을 넓은 안목에서 보십시오. 그는 많은 대상에 관심을 두고 그것을 주제로 삼아 우리가 사물을 더 분명히 보도록 도와주는 저작들을 남겼습니다. 다양한 관심을 지녔다고 해서, 그가 성체성사나 예수 그리스도, 영성 생활 등과 같은 그리스도교의 핵심을 존중하고 그 실천에 공헌한 사실을 간과해서는 안 됩니다. 그러므로 성체성사, 예수 그리스도, 영성 생활을 각각 한 장씩 다룰 것입니다.

이 책은 크게 여섯 장으로 구성되어 있습니다. 전반부의 세 장에서는 헨리 나웬의 삶에서 중요한 세 가지 면, 그를 이해하는 데 가장 도움이 될 만한 부분을 다룰 것입니다. 후반부의 세 장에서는 신앙 공동체에 속한 우리를 위한, 그의 세 가지 주제에 초점을 맞추게 됩니다. 이 책은 분명 헨리 나웬에 관한 것이지만 그의 삶과 가르침에서 무엇을 배울 것인가의 문제는 결코 우리와 동떨어진 것이 아닙니다.

우리는 헨리 나웬의 독자이자 학생이며 팬이자 벗으로서 중요한 시점에 와 있습니다. 더 이상의 기념물이나 회고록은 필요 없습니다. 이미 나온 것만으로도 충분합니다. 이제는 그의 삶과 인격에서 흥미로우면서도 복잡한 면을 다시 살펴보고 그를 더욱 신중하게 평가할 때가 되었습니다. 우리는 그에게서 무엇을 배웠는지, 많은 사람이 예언자라고 생각했던 이 특별한 사람에게서 무엇을 배워야 하는지 자문해 보도록 합시다.

나는 이 책에서 헨리 나웬에 대한 정보를 제공하는 데 그치지 않을 것입니다. 성령의 인도에 따라 우리 자신을 자리 매김하는 과정을 시작하고자 합니다. 헨리 나웬이 우리에게 가르쳐 주지 않은 것들, 즉 그의 삶에 관한 것이 아닌, 앞으로 살아갈 우리 삶에 관한 가르침이 아직 남아 있습니다.

1

출생과 생애 전반기

네덜란드 사람

헨리 나웬은 1932년에 네덜란드에서 태어났습니다. 네덜란드는 종교적 분위기가 강한 나라입니다. 유럽에서의 위치, 국토 면적, 특히 바다에 면해 있는 지리적 여건과 육지보다 높은 해수면은 네덜란드인의 정신에 지대한 영향을 미쳤습니다. 그들은 진취적 기상으로 수세기 동안 배를 타며 상업에 종사했습니다. 전 세계에 발자취를 남겼지만 프랑스나 영국, 스페인, 포르투갈 같은 제국주의 세력과는 그 방법이 달랐습니다. 네덜란드는 무역을 위해 세계 곳곳에 진출했습니다. 네덜란드의 광범위한 식민지는 원래 섬이나 항구였습니다. 네덜란드 동인도회사 같은 상업적 투자 기업을 통해, 그들은 돈벌이가 잘되는 상업 항구도시를 건설했습니다. 케이프타운과 뉴욕은 원래 네덜란드의 경제적 식민지였습니다.

자국 내에서도, 바다를 면한 진취적 상업 정신을 바탕으로 유럽 어느 나라보다도 관대한 사회 분위기를 형성할 수 있었습니다. 네덜란드는 특히 비국교도非國敎徒 개신교도나 유다교도같이 종교적으로 박해받는 사람들의 피난처가 되었습니다. 박해를 피해 여타 유럽 지역에서 망명자들이 네덜란드로 모여들었습니다. 네덜란드는 청교도, 유다교도, 재침례파, 특히 칼뱅파의 중심지가 되었습니다. 이들은 네덜란드에서 자급자족하는 집단 거주지를 형성하고 다른 공동체와는 주로 상업적으로만 접촉했습니다. 이 신앙 공동체들은 꽤 보수적이었지만, 유럽의 어떤 공동체보다 평화롭게 살았습니다.

네덜란드 역사 안의 종교적 긴장과 폭력은 대개가 오랫동안 네덜란드를 지배했던 합스부르크가나 스페인 같은 외부의 제국주의 세력에 의한 것이었습니다. 역사적으로 볼 때 네덜란드인은 싸움을 그다지 좋아하지 않았던 것 같습니다. 강경하고 광적인 네덜란드인과 종교 집단들은 네덜란드를 떠나 아메리카나 아프리카 등지로 이주했습니다. 네덜란드를 떠나 다른 곳에 정착한 종교적 극단주의자의 한 예로 남아프리카의 보어인을 들 수 있습니다.

네덜란드를 특징짓는 이미지는 상업국이라는 것입니다. 사실 네덜란드는 '장사꾼의 나라'로 불리기도 합니다. 식민지 시대에는 전 세계에 걸쳐 사업을 확장했고, 로테르담은 지금도 유럽에서 가장 번화한 항구도시입니다. 네덜란드에 정착한 사람들은 그들만의 공동체를 이루며 번성했습니다. 그들은 열심히 일했고 호기심이 많았으며 좋은 교육을 받았기에 쉽게 성공을 거두었습니다. 그리하여 네덜란드는 오늘날까지도 통용되는 두 가지 특징을 오랜 세월 간직해 왔습니다. 돈을 벌어들이는 사업 수완에서 비롯된 부르주아적 자신감이 그 하나이고, 여행·문명·교육 면에서 드러나는 다원론적 국가다운 관대함이 다른 하나입니다.

영적 관점에서 네덜란드의 역사를 보면, 조심스럽게 균형을 잡아 온 나라라고 할 수 있습니다. 상업·무역·여행의 발달로 인해 개인의 영적 자각이 빨리 시작된 이 나라는 일찌감치 개신교 국가가 되었고, 프로테스탄티즘은 사회의 근간이 되었습니다. 그러나 한편으로 그들의 보수적이고 지적인 태도는 활기차고 독립적인 정신을 발전시키는 데 장애가 되기도 했습니다. 이 조심스러운 균형은 16세기 네덜란드 학자 에라스무스를 통해 잘 설명됩니다. "에라스무스가 알을 낳고 루터가 부화시켰다"라는 말이 있을 정도로 그는 뛰어난 성경 지식으로 전 유럽에 충격을 선사한 인물입니다. 그러나 그는 가톨릭교회와 단절하지는 않았습니다. 그가 발단이 된 대변혁의 여파로 온 유럽의 종교계가 흔들렸을 때도, 그는 네덜란드 사람다운 특성으로 균형을 잡았습니다.

오랫동안 독자적 종교 분위기를 유지하면서 네덜란드인 삶의 특징이 형성되었습니다. 서로 간에 드러나는 적대감은 없었지만 각각의 종교 집단들은 스스로 '종파주의적 차별 정책' 아래 살았습니다.[1] 그 결과 네덜란드 사람들은 개방된 사회에 적극적으로 참여하기보다는 크링kring이라고 불리는, 가족 단위나 그보다 조금 더 큰 공동체에 초점을 맞추어 살게 됩니다. 헨리 나웬이 태어날 무렵 네덜란드의 각각의 공동체에는 저마다 은행, 클럽, 회사, 학교, 정당, 신문, 교회 등이 있었습니다. 그 결과 현저하게 (서로 배타적인) 작은 집단으로 분리되는 종교·사회적 현상이 빚어졌습니다. 어떤 작가는 이런 현상을 다소 실망스럽고 빈정대는 말투로 다음과 같이 표현했습니다.

---

[1] John A. Coleman, *The Evolution of Dutch Catholicism* (Berkeley, Calif.: University of California 1978) 51.

역사가들은 무수한 교회의 첨탑을 바라보며 실망하여 그것을 기록한다. 곳곳에 장애물이 존재하고 종교들 사이에는 수많은 다리가 있어 건너려면 통행료를 지불해야 한다. 거센 물줄기가 흐르는 수로를 따라 하느님도 떠내려가 버린다. 각각의 공동묘지는 견고한 둑을 이루어 모두가 서로 담을 쌓아 버렸다.[2]

가정환경

이런 배경에서 헨리 나웬은 네이케르크Nijkerk의 가톨릭 집단 거주지에서 태어났습니다. 그의 아버지는 남부 림뷔르흐Limbrug 지방 출신이었고 어머니는 개신교 영향이 강한 북부 출신이었습니다. 헨리가 태어났을 때 가톨릭 신자는 전체 인구의 40% 정도였습니다. 대학원 시절 친구인 피터 나우스Peter Naus는 헨리의 가족을 가리켜 '윤택하고 교육을 잘 받은' 사람들이라고 표현했습니다.[3] 이 말은 곧 헨리가 중산층의 평범한 가정에서 태어났고, 그의 가족은 교육받은 사람들로서 사회적으로 존경받는 위치에 있었다는 뜻이기도 합니다.

헨리 나웬의 글을 읽어 보면 이런 배경이 분명히 드러납니다. 우리는 그가 이런 환경에서 일류 교육을 받았을 뿐만 아니라 추진력과 권리와 규율을 익혔음을 알 수 있습니다. 헨리의 할아버지는 독일 국경 인근 마을 펜로Venlo의 읍사무소 서기였고, 아버지는 네이메헌Nijmegen 가톨릭 대학교

---

[2] J. van Laarhoven, "Een land vol kerktorens", *De Bazuin*, 1 April, 1973; Walter Goddijn, *The Deferred Revolution: A Social Experiment in Church Innovation in Holland, 1960~1970* (Amsterdam: Elsevier 1975) 5.

[3] Peter Naus, "A Man of Creative Contradiction", in Beth Porter, ed., *Befriending Life: Encounters with Henri Nouwen* (New York: Doubleday 2001) 79.

의 법학 교수였습니다. 그들은 지적이고 신념이 굳건한 사람들로, 네덜란드 시골의 작은 마을로 이사를 한 것이었습니다.

헨리의 어머니 쪽 가계家系를 보면 더 부유하고 예술적이며 영적이었습니다. 그의 외할머니는 남편을 일찍 여의고 생계를 떠맡아 가족을 부양해야 했습니다. 그리고 그녀는 보란 듯이 성공하여 그 지역 백화점의 주인이 되었습니다. 그녀는 헨리의 보호자이자 후견인으로서 그의 신앙에 특별한 영향을 미쳤습니다. 헨리의 어머니 마리아도 신앙심이 매우 깊었습니다. 마리아는 아이들을 잘 돌보았을 뿐만 아니라 문학과 외국어에 관심 많은 교양 있는 여성이었습니다. 헨리의 외삼촌 안톤도 특별한 사람이었습니다. 그는 교회일치적ecumenical 식견이 뛰어난 사제로서 헨리의 분명한 모델이 되었습니다. 안톤은 유다교와도 긴밀한 관계를 유지했고, 바티칸은 유다교-그리스도교의 관계에 대해 그에게 자문을 구하기도 했습니다.

자급자족 공동체

어린 시절, 헨리는 가톨릭 신자가 아닌 사람과는 거의 만날 수 없었습니다. 그가 성장한 가톨릭 거주지에서의 삶이 그랬고, 네덜란드 전역의 상황도 마찬가지였습니다. 네덜란드에서 각각의 공동체는 서로 교류하지 않았을뿐더러 저마다의 정체성이 두드러졌습니다. 오늘날은 이런 구별이 거의 사라졌지만 흔적은 남아 있습니다. 존 콜먼John Coleman은 말합니다.

> 지식과 혜안을 지닌 사람이라면 네덜란드 사람을 처음 만날 때 그 사람이 속해 있는 공동체에서 만나는 것이 좋습니다. 가톨릭 신자와 개신교 신자는 결혼반지도 서로 다른 손에 낍니다. 항목을 열거

할 때, '첫 번째로' 언급하는 방식도 다르고 사용하는 어휘도 서로 다릅니다. 이름first name도 단서가 됩니다. 디르크Dirk, 바렌트Barend, 알Aal 같은 옛 독일식 이름은 아마도 비가톨릭일 가능성이 큽니다. 티투스Titus, 클레멘스Clemens, 알로이시우스Aloysius, 체칠리아Cecilia 같은 라틴식 이름은 거의 가톨릭일 확률이 높습니다. 네덜란드 사람들은 편지나 문서에 서명할 때, 약자略字를 두세 자 쓰고 다음에 성을 쓰는데, 가톨릭 신자들은 대개 두 번째나 세 번째 약자로 마리아를 의미하는 M을 씁니다. 수수한 옷차림, 말투, 얼굴 표정 등에서 개혁교회Gereformeerde의 특징이 드러나기도 합니다. 네덜란드에서는 공동체의 관점에서 생각하는 것이 뿌리 깊은 관습으로, 그런 구조에 반대하는 사람들조차도 태생적으로 가톨릭이나 개신교, 혹은 사회주의자나 자유주의자로서의 경향을 지니고 있습니다.[4]

후일 헨리 나웬이 자신은 편협하고 격리된 환경에서 자랐다고 한 말을 잘 뒷받침해 주는 내용입니다. 그는 스물다섯 살이 될 때까지 불신자나 이혼한 사람을 만난 적이 없었고 개신교인도 거의 만나 보지 못했다고 고백합니다.[5] 교회일치를 지향하는 그리스도인으로서 그는 자신의 편협했던 환경을 자주 언급했습니다. 그는 우리에게 세상이 얼마나 많이 변했는지, 또 우리가 이 세상의 여정에 적응하기 위해 얼마나 부단히 노력해야 하는지를 일깨워 주고 있습니다.

---

4 Coleman, *The Evolution of Dutch Catholicism*, 66.

5 Henri Nouwen, *Can You Drink the Cup?* (Notre Dame, Ind.: Ave Maria 1996) 15.

어린 시절

장남인 헨리 나웬에게는 남동생 둘과 여동생 하나가 있었습니다. 네덜란드에서 헨리라는 이름은 그리 흔치 않은데, 때로는 북부식으로 '해리'Harrie로 불리기도 했습니다. 그의 비범함은 이미 어린 시절부터 두드러졌습니다. 총명하고 부지런했지만 한편으로는 다루기 힘든 아이였고 운동신경도 그다지 발달하지 못했습니다. 지도자의 기질을 타고난 데 비해 행동이 굼떴기 때문에 운동이나 게임에서는 두각을 나타내지 못했습니다. 이런저런 이유 때문에 헨리는 아주 어릴 적부터 가족과 친지들처럼 종교적 분위기와 예식에 이끌렸을 것입니다. 훗날 인터뷰에서 그는 다음과 같이 말합니다. "부모님은 무척이나 영적인 분들이셨고, 할머니도 내 영성 생활의 토대가 되어 주셨습니다. 그래서 다섯 살의 어린 나이에 나는 이미 사제가 되고자 결심했고 그 결심은 한 번도 변한 적이 없습니다. 아주 아주 어렸을 때부터 품어 온 소망이었습니다."[6]

한 어린이의 소망과 상상, 역할극 등이 오로지 사제가 되는 데만 초점이 맞추어져 있었다는 것은 사실 좀 비정상적으로 보입니다. 여덟 살까지 헨리는 '소년 사제'의 역할을 맡아 온 가족의 관심과 인기를 모았습니다. 그는 다락방에 모형 성당을 만들어 달라고 조르기까지 했습니다. 그리고 할머니의 재단사가 만들어 준 제의를 입고, 할머니가 마련해 준 성반聖盤과 성배聖杯 등의 제구를 가지고 그곳에서 미사를 드리곤 했습니다. 식구들 앞에서 '강론'까지 했던 그곳은 자기만의 성당이었습니다. 동생 폴이 종종 복사를 섰고 가족과 친구 모두 헨리의 '성직자 군단'의 일원이었습니다.[7]

---

6 *Straight to the Heart: The Life of Henri Nouwen*, a video produced by Karen Pascal (Markam, Ontario: Windborne Productions 2001).

여덟 살 때까지 헨리가 다락방에서 미사를 드리는 동안, 독일의 점령, 강제수용소, 유다인 박해라는 형태로 네덜란드에도 전쟁이 닥쳐왔습니다. 나웬의 가족은 숨죽이고 지냈습니다. 어머니가 독일어를 잘했기 때문에 큰 위험은 피할 수 있었지만 그의 아버지는 강제 징용을 피해 벽 속 은신처에서 숨어 지내야 했습니다. 헨리 나웬의 부모는 전쟁의 역경 중에도 아이들을 안전하게 지킬 수 있는 지혜로운 사람들이었습니다.

전쟁 중에 어머니는 헨리와 동생들을 크로지어회Crozier 신부들이 운영하는 이웃 마을의 임시 학교에 보냈습니다. 헨리의 어머니는 재치 있고 상냥한 사람이었습니다. 헨리에게 어머니는 대단히 중요한 존재였습니다. 두 사람은 특별한 유대 관계가 있었고 항상 마음이 잘 맞았습니다. 헨리는 감수성이 예민하고 생각이 깊은 어머니 마리아 나웬을 많이 닮았습니다.

아버지에 대한 헨리의 감정은 좀 애매했습니다. 헨리와 동생들은 아버지의 정열적인 성격을 '야심적'[8]이란 말로 표현하곤 했습니다. 뜨거운 정열과 원대한 목표를 지닌 로렌트 나웬은, 아들이 본받기에는 너무 벅찬 아버지였습니다. 그는 자수성가한 사람으로, 개인의 자립에 큰 가치를 두었고 자식들도 자기처럼 스스로 일어서기를 바랐습니다. 정열적이고 지적인 아버지를 둔 것은 분명 행운이었지만, 어린 헨리 나웬은 아버지의 기대를 충족시키지 못하리라는 생각에 불안감이 쌓여 갔습니다. 바로 이 점이 그의 심리 발달에 어느 정도 영향을 미쳤을 것입니다. 바로 밑의 동생 폴의 말에 따르면, 형과 자신은 열정적인 아버지의 기대에 미치지 못할까 두려워 열등감에 시달렸다고 합니다.[9]

◀7 Henri Nouwen, *Can You Drink the Cup?* 14.

8 *Straight to the Heart: The Life of Henri Nouwen*, a video produced by Karen Pascal (Markam, Ontario: Windborne Productions 2001).

불안과 열정

헨리 나웬은 열두 살이 되자, 가족과 떨어지더라도 소신학교에 들어가고 싶다는 바람을 가지게 되었습니다. 아들을 신학교에 보내는 것이 당시 가톨릭 신자들에게는 흔한 일이었지만 나웬의 부모는 주저했습니다. 그렇게 어린 나이에 성직자의 길로 들어서게 하고 싶지 않았던 것입니다. 게다가 1944년 당시, 전쟁은 결정적 국면에 접어들고 있었습니다. 연합군은 프랑스에 상륙하여 베를린으로 진격하고 있었습니다. 네덜란드에서의 막판 전투도 치열했습니다. 전 세계적으로 혼란한 상황에서 헨리는 당장 집을 떠날 수는 없었습니다. 임시로 그는 독일어와 네덜란드어를 사용하는 예비중학교 격인 그 지역 '김나지움'Gymnasium에 다녀야 했습니다.

전쟁이 끝나자 그의 일가족은 네덜란드 정부와 의회가 있는 헤이그로 이사했습니다. 헨리는 헤이그에 있는 예수회 학교인 알로이시우스 컬리지 Aloysius College에서 중등교육을 마쳤습니다. 그리고 열여덟 살에 소신학교에 들어가 기존의 아이들과 합류했습니다. 지금은 몬시뇰인 안톤 삼촌이 당시 소신학교 교장이었습니다. 신학생이 되고도 헨리는 가족의 울타리 안에 머물러 있게 된 셈입니다.

헨리는 안톤 삼촌의 보살핌과 감독하에 소신학교에서 1년을 보내고 대신학교에 진학했습니다. 이미 어느 정도 성직자라는 자부심에 가득 찬 소년 집단에 뒤늦게 합류한 헨리가 따돌림을 당했을 것으로 생각하는 사람도 있겠지만, 그는 학생들 사이에 평이 좋았고 지도자로 부상하기까지 했습니다. 당시 동료의 증언입니다.

---

9 같은 비디오.

그는 소신학교 교장 선생님의 조카였다. 그래서 그런지 대외적으로 독특한 카리스마를 지니고 있었다. 학생들은 모두 그를 좋아하고 존경했다. 그는 공동체의 대표로 선출되어 교수들 앞에서 학생 전체를 대표했다. 주교님이 오셨을 때도 그가 사회를 보았다. 그는 학생회장이나 마찬가지였다.[10]

헨리가 동료들 사이에서 인기가 있었다는 것이 놀라운 일은 아닙니다. 신앙심이 깊고 공부를 열심히 하는 그는 누구에게나 호감을 주는 학생이었습니다. 소신학교에서 성소를 확실히 깨달은 헨리는 자신이 원하는 방향으로 삶이 진행되고 있음을 느꼈습니다. 전쟁의 자취는 모두 사라졌고 이제 그는 사제가 되는 데만 전념했습니다. 어린 시절부터 간절히 바랐던 길이었습니다. 학업에서 두각을 나타낸 것도 특별히 머리가 좋거나 재능이 있어서라고는 생각하지 않았습니다. 오히려 그는 '미친 듯이 열심히 공부했기' 때문이라고 말합니다.[11]

헨리 나웬이 소신학교에 들어간 1950년은 시기적으로 깊은 의미가 있습니다. 가톨릭교회에는 이따금 큰 변화의 시기가 있었습니다. 헨리 나웬이 신학교에서 공부하던 이 당시도 가톨릭교회 역사상 엄청난 변혁의 시대였습니다. 그가 어른이 되었을 때 교회는 크게 달라져 있었습니다. 작고 조용한 나라 네덜란드는 그 변화에서 중요한 역할을 담당합니다.

---

[10] Michael Ford, *Wounded Prophet: A Portrait of Henri J.M. Nouwen* (New York: Doubleday 1999) 79.

[11] Robert Durback, *Seeds of Hope: A Henri Nouwen Reader*, 2nd ed. (New York: Doubleday 1997) 24.

네덜란드 교회

앞서 보았듯이 수세기 동안 네덜란드에서 가톨릭 신자들은 고유한 문화를 형성해 왔습니다. 공식적으로 개신교 국가인 네덜란드에서 가톨릭 신자들은 거의 고립되어 있었습니다. 그들은 조용하고 신앙심이 깊었기 때문에, 교황 비오 11세와 비오 12세는 충성스러운 네덜란드 가톨릭교회를 다른 나라들의 본보기로 치켜세웠습니다. 실제로 헨리 나웬이 어릴 적 네덜란드 가톨릭교회는 바티칸의 정책에 거의 무조건적으로 순종했습니다.

당시 바티칸은 수세기에 걸쳐 분쟁에 휘말려 있었습니다. 유럽을 비롯한 전 세계 가톨릭교회는 16세기 종교 분열에서 촉발된 일련의 거대한 사회 변혁의 도전을 받고 있었습니다. 개신교가 북유럽 국가들을 장악했고, 프랑스와 이탈리아의 군주국들은 몰락했으며, 가톨릭교회는 영토와 특권을 빼앗기게 되었습니다. 동유럽과 스페인, 멕시코에 사회주의 정부가 들어서고 동방정교회와 가톨릭교회에 대한 무자비한 박해가 시작되었습니다. 고풍스러운 위엄을 지닌 기존 교회는 끊임없는 도전을 감당해야 했습니다.

이러한 일련의 변화와 도전 앞에 가톨릭교회는 철옹성 안에 단단히 웅크리고 있는 듯한 형상이었습니다. 교회를 재정비하는 한편, 19세기의 비오 9세부터 20세기 중반의 비오 12세까지의 교황들은 신자들에게 새로운 차원의 충성을 요구합니다. 교회법은 더욱 철저한 가톨릭 정신을 바탕으로 개정되었습니다. 모든 가톨릭적 전례와 행위들은 여타 사회의 것들과 신중하게 구별되었고, 바티칸의 지시에 대한 충성 어린 순명이 요구되었습니다. 가톨릭 사상과 가르침이 아닌 것은 무조건 의심받았고, 정통 교리를 고수하기 위해서 기존 교리들도 엄격한 잣대로 판단했습니다.

오늘날의 눈으로 보면 곤경에 빠진 당시 가톨릭교회가 유별난 억압과 편집증에 빠져 있었던 것으로 보이기도 합니다. 당시에는 교회 인가 없이 신학 서적이나 영성 서적이 결코 출판될 수 없었습니다. 신학교 강의는 모두 바티칸의 재가를 받아야 했습니다. 고발당한 사람은 출석이나 해명의 기회도 없이 파문당했습니다. 교회는 극기와 내세 지향적 영성을 권장하기 시작했습니다. 토마스 아 켐피스Thomas à Kempis의 『준주성범』The Imitation of Christ이 좋은 예입니다. 교황과 주교는 물론 사제들조차 세속과는 멀리 동떨어진 초월적 지위를 점하고 있었습니다. 이런 흐름을 '승리주의'[12]라고 불렀습니다. 당시 가톨릭교회는 현대사회나 타종교에 대해 부정적 태도를 취했습니다.

그리고 네덜란드 가톨릭 신자들은 아무런 의심 없이 이 체제를 받아들였습니다. 그 어느 곳보다 네덜란드 가톨릭교회에서는 심각할 만큼 득의양양한 분리주의가 시행되었습니다. 주변 국가의 가톨릭교회와 비교해 보아도 네덜란드 가톨릭교회는 대단히 조직화·획일화되어 있었습니다. 젊은 가톨릭 신자의 90%가 가톨릭 초등학교를 나왔습니다. 가톨릭 신자의 89%가 가톨릭 라디오 방송국에 후원금을 내고, 79%의 신자가 가톨릭 일간신문을 구독했습니다. 75%의 신자가 주일미사에 참례했습니다.[13] 이렇게 네덜란드 가톨릭교회는 전 유럽을 통틀어 가장 전통적이고 충성스러웠습니다. 교회일치운동에는 대단히 적대적이었고, 선교 사제나 선교 수녀를 가장 많이 배출했습니다. 당시 네덜란드는 전 세계 선교사의 10%를 배출하기도 했습니다.[14]

---

12 특정한 교의가 다른 어떤 종파보다도 뛰어나다고 여기는 신념이나 주장 — 옮긴이.

13 Coleman, *The Evolution of Dutch Catholicism*, 87.

14 같은 책, 2.

네덜란드 가톨릭 신자로서 1950년대에 사제직으로 부름 받은 헨리 나웬은, 숱한 자선사업과는 별도로 권위적이면서 분명한 한계를 지닌 교회 문화 속에서 성장했습니다. 바티칸에 대한 충성과 순명 정신은 유아기부터 몸에 배어 있었고, 이 규범을 충실히 지키지 못하면 사회적으로나 종교적으로 비난의 대상이 되었습니다. 학생 시절 신학교 동기가 학교를 떠난 사건이 대단히 큰 충격이었다고 헨리는 회상한 바 있습니다.[15] 21세기 사람들은 이슬람교를 맹목적이고 편협한 종교라고 생각하지만, 불과 50~60년 전만 해도 가톨릭교회가, 특히 네덜란드 같은 나라에서는 법, 전례, 교육, 결혼뿐만 아니라 사회·정치적인 모든 분야에서 엄격한 충성을 강요했다는 사실을 우리는 종종 잊어버립니다.

헨리 나웬이 이런 종교·문화적 환경의 일원이었다고 해서 그에게 자유가 없었던 것은 아닙니다. 그는 울타리 안에 살면서도 결코 세상을 등한시하지 않았습니다. 그는 가족을 방문하고 함께 여행할 수도 있었습니다. 물론 그도 여느 신학생들처럼 신학교에서 엄격히 통제된 생활을 했기에 자유 시간은 거의 없었습니다. 공부하고 미사 참례하고, 성지순례나 자선 활동에 참여하면서 항상 서원을 준비하고 있었습니다. 서원은 하느님과 주교 앞에서 스스로 자유를 포기하는 것입니다. 헨리 나웬에게는 이것이 큰 어려움은 아니었습니다. 그의 아버지가 개인의 자립에 큰 가치를 두었던 것처럼, 교회라는 울타리 안에서 성실한 가톨릭 신자로 성장한 헨리에게 순명의 서원은 그다지 어려울 것이 없었습니다. 네덜란드 사회가 너무나 오랫동안 보수적이고 체제 순응적이었기 때문이기도 합니다.

우리가 헨리 나웬을 잘 이해하려면, 대단히 경건한 신자들이 영적 신념

---

[15] Nouwen, *Can You Drink the Cup?* 15.

을 일구어 가던 시기에 그가 성장했다는 사실을 참고해야 합니다. 우리에게는 그런 종교적 확신이 거의 사라져 버린 듯합니다. 어느 날 저녁 식사를 하면서 헨리에게 내 젊은 시절 이야기를 들려준 적이 있는데, 격동의 1960년대에 캘리포니아에서 겪은 내 젊은 날의 이야기에 헨리는 눈을 크게 뜨고 놀라워했습니다. 자신과는 달리 어쩌면 그렇게 '반체제적'일 수 있었느냐는 것입니다. 헨리의 젊은 날은 그렇게 먼 세상의 것이었습니다.

엄격한 통제하에 어떠한 의혹이나 개인적 견해도 허용하지 않았던 가톨릭 신앙이 그렇다고 권위주의만 파생시킨 것은 아닙니다. 경건함과 극기, 자기희생을 존중하는 문화가 함께 피어났습니다. 당시 가톨릭 신자들은 자기 자녀들과 여타 사회와 공동체에게, 명백하고 참된 가치를 전달하는 법을 잘 알고 있었습니다. 네덜란드 가톨릭 신자들은 특히나 자부심이 강하고 자신감이 넘쳤으며 훈련이 잘되어 있었습니다.

새로운 가톨릭교회

그런데 변화가 찾아왔습니다. 헨리 나웬이 사제 수업을 받던 1950년대에 가톨릭교회 체제의 외형에 균열이 나타나기 시작했습니다. 그 시절 가톨릭교회는, 더 넓은 세상과의 관계라는 견지에서 볼 때 분명 결함이 있었습니다. 지나치게 권위적이었고, 사회주의에 대해 무기력한 두려움을 지니고 있었으며, 신자들의 요구에는 둔감하고, 현대사회에 대한 깊은 의심 때문에 거의 운신의 여지가 없었습니다.

이러한 이유로 인해 교회 내에서는 쇄신과 개정에 대한 발의發議가 시작되었습니다. 제2차 세계대전으로 인해 교회의 관례는 많은 부분 붕괴되었습니다. 전쟁 중에 나치 독일은 점령국에서 체포한 많은 가톨릭 사제를 노동 현장으로 내몰았습니다. 그런데 전쟁이 끝나고도 프랑스의 일부 성직자들은 스스로 노동자들 곁에 남고자 했습니다. 그들은 공장에서 일하며 노조 활동에 참여하기도 했습니다. 당시 프랑스 신학자들도 세상에 적극적으로 뛰어들어 20세기 과학 발전과 사회 변화에 함께했습니다.

그런데 교황 비오 12세는 새로운 발의와 프랑스나 여타 지역에서의 실험에 대해 부정적이고 권위주의적인 반응을 보였습니다. 1950년, 교황은 가톨릭교회 내에서 진보적 사상의 논의를 금하는 회칙 「인류」*Humani Generis*에 서명했습니다. 사제-노동자 연대는 힘을 잃었습니다. 새로운 흐름에 참여했던 지도급 신학자들은 한직閑職으로 밀려났고 침묵을 강요당했습니다. 전통과 관습이 되살아나는 듯했습니다.

그러나 새로운 바람은 사라지지 않았습니다. 그 바람은 조용히 이웃 나라 벨기에와 네덜란드로 퍼져 나갔습니다. 헨리 나웬이 신학생이었던 1950년대 내내, 새로운 사상의 거대한 파도가 네덜란드 교회를 휩쓸었습니다. 다른 나라들과는 달리 네덜란드에서는 많은 주교와 사제들이 이러한 변화를 허용하고 장려했습니다. 헨리는 개신교나 유다교와의 교회일치 운동에 관여했던 삼촌을 통해 이 새로운 세계를 만날 수 있었습니다. 새로운 사상이 대두되고 가톨릭교회와 외부 세상과의 접촉이 가능해짐에 따라, 헨리는 네덜란드 교회가 나아가는 새로운 길에 함께하게 됩니다.

네덜란드 주교들은 다른 나라 주교들에 비해 개방적이고 덜 권위적이었습니다. 전쟁 중에 특별한 체험을 했기 때문입니다. 대부분의 유럽 교회와는 달리 네덜란드 주교들은 대단한 용기로 나치에 저항했습니다. 나치에 협력하지 않은 것은 물론, 유다인 강제 수용과 학살 등의 악행에 대해서도 항의했습니다. 가톨릭교회가 (히틀러에 대한) 충성 맹세를 거부하자 네이메헌 가톨릭 대학교는 폐교되었습니다. 수많은 네덜란드 가톨릭 신자들은 강제 노동 수용소에 수감되었고, 심지어 정치범 수용소에까지 수감되었습니다.

고난과 시련을 통해 네덜란드의 성직자와 평신도들 사이에는 특별한 결속력과 충성심이 형성되어 전쟁이 끝난 후에까지도 지속되었습니다. 또한 전쟁은 네덜란드 가톨릭과 개신교 사이의 벽을 허물었습니다. 프레데릭 프랑크Frederick Franck는 말합니다.

> 점령은 평화를 파괴했다. 종교 공동체 각각의 단단하고도 열렬한 친교는 별안간 끝나 버렸다. 군대와 감옥과 정치범 수용소에 그들은 모두 함께 수용되었고, 서로가 지닌 공통점을 불현듯 깨닫게 되었다. … 전제정치, 공포정치, 독재정치를 그들은 함께 체험했다. … 전쟁이 끝난 뒤, 통제와 억압은 더 이상 용인되어서는 안 된다는 사실에 그들은 모두 공감하게 되었다.[16]

다시 말해, 전쟁 이후에는 예전처럼 권위적인 종교가 더 이상 통하지 않게 되었습니다. 1950년대 네덜란드에서는 새 세상에 어울리는 새로운 사고방식이 출현하여 꽃을 피웁니다. 공동체 분리주의는 붕괴되기 시작하고, 교육받은 대중의 민주주의에 대한 열망은 교회에까지 파고들었습니다. 평신도에게도 개방되는 새로운 교회가 형성되면서, 협의와 협조가 교회 직무의 규범이 되었습니다. 보수적인 가톨릭교회와 새 시대의 개방적이고 민주적인 사고가 점점 자연스럽게 융화하는 것처럼 보였습니다.

그렇다면 헨리 나웬은 새로운 가톨릭교회에 어떻게 참여하게 될까요?

---

[16] Frederick Franck, *Exploding Church: From Catholicism to catholicism* (New York: Delacorte 1968) 13-14.

이즈음 그는 사제로 서품됩니다. 젊은 사제 헨리 나웬에게는 지켜야 할 낡은 의무보다는 오히려 버려야 할 것이 많았습니다. 이전 세대의 신심들은 경우에 따라 선별·폐기되곤 했습니다. 교회는 변화하는 세상의 요구에 응답해야만 했습니다. 성경에 입각하여 심리적이고 예민한 영성을 추구하려는 교회의 움직임에 헨리 나웬은 함께하게 됩니다. 무엇보다 중요한 변화는 교회가 신자들을 더욱 고려하고 그들의 소리를 경청하기 시작했다는 점입니다. 나웬은 이런 변화를 받아들여 자기 것으로 삼았고, 이것이 일생 동안 그가 가르치며 추구한 영성이 됩니다.

1950년대에 드러나기 시작한 이러한 나웬의 특징에 대해 피터 나우스는 다음과 같이 표현한 바 있습니다. 그의 약혼녀 앙케는 헨리 나웬에게서 교리를 배우기도 했습니다.

우리 셋은 1958년에 만났고 그 만남은 그 후 오래도록 내 인생에 중요한 의미가 되었습니다. 헨리는 교의나 규칙, 관례 따위에는 거의 관심이 없는 사람이었습니다. 그는 오히려 그리스도의 가르침 자체에 초점을 맞추었습니다. 지극히 보수적인 교육을 받아 온 나는 자신의 신앙을 재검토해야 했습니다.

내가 배워 온 것과 헨리의 주장 사이에는 상반된 점이 많았습니다. 나의 많은 질문에 헨리는 온화하고 참을성 있는 태도로 답변하면서, 나의 완고한 신앙이 여유를 찾을 수 있도록 도와주었습니다. 교리를 중시하는 가시적 예식에 매달리던 나의 신앙은 헨리 덕분에 마음 깊이 그리스도와 교감을 나누는 신앙으로 변했습니다. 이 만남으로 인해 앙케가 개종하게 되었고, 나 자신도 많은 영향을 받았습니다.

헨리의 가르침은 당시에 널리 통용되던 가르침과는 확실히 달랐습니다. 그는 내가 아는 어떤 사제보다 혁신적이고 덜 관습적이며 특히나 영적인 지도자였습니다. 그런 그가 자신이 교회의 가르침에 어긋나지는 않는지, 교회 전례를 자기 멋대로 바꾸는 것은 아닌지를 세심히 염려한다는 사실에(말년에는 많이 나아졌지만) 나는 매우 놀랐습니다.[17]

젊은 사제 헨리 나웬의 사목에는 주목할 점이 있습니다. 그중 하나는, 그가 신학적으로 새로운 생각을 가지고 있었다는 점입니다. 그는 진리를 이해하고 있는 것 같았습니다. 제도적 차원에서 외양을 변화시키는 것을 넘어, 마음 한가운데 계시는 예수와 함께 진정한 영성을 만들어 내려 하고 있었습니다. 나우스가 언급한 '세심히 염려하는 것'의 의미는 이렇습니다. 교회의 전통적 표현의 한계를 넘어서는 것처럼 보여도 헨리에게는 결코 반역의 의도 따위는 없었습니다. 모순처럼 보이는 이런 모습이 그의 일생에 걸쳐 줄곧 문제가 되었습니다. 헨리 나웬은 스스로 인식하지 못하는 새에 그리스도교 전통의 경계를 넘어 새로운 차원으로 나아갔습니다. 물론 이것은 먼 훗날의 일입니다. 네덜란드에서의 젊은 시절, 그는 변화의 바람과 새로운 사상을 받아들이며 앞으로 나아가기 시작합니다. 그러나 언제나 동료와 스승, 주교들과 함께하는 공동체의 일원으로서 보조를 맞추어 움직였습니다.

네덜란드 가톨릭교회 안에서 대화와 탐구가 점점 무르익어 가면서, 신학자들과 여러 분야의 평신도 전문가들, 주교들은 지속적으로 의견을 교

---

17 Naus, "A Man of Creative Contradiction", in Porter, *Befriending Life*, 79-80.

환했습니다. 대학에서부터 시작된 실험적 전례 운동이 멀리 퍼져 나갔습니다. 자국어로 전례를 거행하고 손으로 영성체하는 것, 해설자나 독서자를 허용하는 것 등등 현대 가톨릭교회 전례의 새로운 시도들이 네덜란드에서 시작된 것입니다. 이러한 시도는 화젯거리가 되어, 한때 프랑스의 여행사들은 네덜란드 여행에 튤립뿐만 아니라 '새로운 가톨릭교회'라는 관광 상품을 끼워 넣기도 했습니다.

1950년대 후반에서 1960년대 초반까지, 네덜란드에는 신학의 '프라하의 봄'이 찾아왔습니다. 모두가 흥분에 넘친 순간이었습니다. 네덜란드의 모든 가톨릭 신자가 밝은 미래를 꿈꾸는 감격의 순간이기도 했습니다. 사람들은 벽을 허물고 대화를 나누었습니다. 헨리 나웬은 이 역사적 순간을 함께하면서 글을 쓰기 시작했고, 교회 안에서 장래가 촉망되는 젊은이로 인정받았습니다. 성실한 사제이자 타고난 연설가였던 그에게 교황청 상서원[18]은 로마에서 신학을 계속 공부할 것을 제안했습니다. 로마에서 공부한 후 네덜란드로 돌아와 신학교에서 가르치며 후배 사제들의 귀감이 될 수 있는 좋은 기회였습니다.

헨리의 주교는 성서학자이자 네이메헌 대학교 교수이기도 했던 베르나르두스 알프링크Bernard Alfrink 대주교였습니다. 그는 1951년 상서원의 주교로 발령받고 1955년 위트레흐트의 대주교가 되었습니다. 훗날, 진보적이라는 명성을 얻었지만 주교직 초기의 견해로 보아서는 애초부터 자유주의자로서의 신념을 지니고 있지는 않았던 것 같습니다. 그래도 알프링크는 당시 네덜란드에서 시작된 특별한 대화의 움직임에 전적으로 참여하는 포용력을 보여 주었습니다. 대화와 경험을 통해 점점 변화한 그는 주교로

---

18 교황청 문서국이라고도 한다 ― 옮긴이.

서 남다른 재능을 드러냈습니다. 다른 주교들과 원만하게 어울리며 일했을 뿐만 아니라, 전 교회에 걸쳐 새로운 차원으로 책임을 공유하고 대화를 나누도록 권장하는 국가사목협의회와 같은 조직을 만들기도 했습니다.

알프링크는 제2차 바티칸 공의회에서 진보적인 가톨릭 신앙을 대표하는 지도자로 국제적 명성을 얻었습니다. 공의회가 열린 로마에서 그의 활약은 아주 인상적이었습니다. 물론 네덜란드 주교단과 교회가 그를 뒷받침해 주었고 믿을 만한 전문가들, 특히 신학자 에드워드 스힐레벡스Edward Schillebeeckx 신부의 도움이 컸습니다. 스힐레벡스 신부는 네덜란드 교회 변혁의 선봉이라 할 수 있는 사람입니다. 그는 프랑스에서 일어난 새로운 신학의 주창자 중 한 명으로 벨기에어와 프랑스어에 능통했습니다. 그는 네이메헌 대학교의 교수직을 제안받자 사회과학, 심리학, 현상학을 통해 신학을 연구하고 실천하는 새로운 모델을 제시했습니다. 그때까지 네덜란드 대학에서 신학은 다른 학문의 도움을 받아들이지 않았기 때문에 스힐레벡스의 시도는 큰 논란을 불러일으켰습니다.

변화의 바람

새로운 가능성의 시기였습니다. 로마에서 공부할 수 있는 기회 앞에서 헨리 나웬은 심사숙고했습니다. 물론 그도 공부를 계속하고 싶었지만 로마에서는 아니었습니다. 오히려 가톨릭교회가 관심을 갖기 시작한 새롭고 흥미로운 학문 가운데 하나를 전공하고 싶었습니다. 그는 네이메헌 대학교의 심리학 박사 과정에 들어갈 수 있는지 알아보았습니다. 대학 당국은 입학을 허락했고 그는 스힐레벡스가 교수단에 합류한 1957년, 편입생으로 네이메헌 대학교에 들어갔습니다.

나웬은 네이메헌 대학교에서 7년간 공부하며 임상심리학의 기초를 배웠습니다. 병리학, 표본조사, 통계학, 인격 발달의 선험적 도식, 사례연구 등은 이 새로운 학문의 중요한 기초가 되었습니다. 네덜란드를 비롯한 유럽의 심리학은 새롭게 발달된 미국의 이론에 많은 영향을 받으면서도, 여전히 유럽의 철학적 사고와 프로이트Sigmund Freud나 융Carl G. Jung의 정신에 크게 의존하고 있었습니다.[19] 프로이트는 전쟁 중에 사망했지만 융은 당시 생존해 있었습니다. 전 유럽의 대학으로 두 사람의 독창적 사상은 퍼져 나갔고 신봉자는 늘어 갔습니다. 이들은 자신의 학문에서뿐만 아니라 광범위한 문화 전반에 이르기까지 엄청난 영향을 미쳤습니다. 무의식의 자아, 성욕, 자아의 복합성 — 에고ego(자아), 슈퍼에고superego(초자아: 자아를 감시하는 무의식적 양심), 이드id(자아의 기저를 이루는 본능적 충동) — 을 비롯한 여타의 진보적이고 어지러운 사상이 퍼져 나가고 있었습니다.

25세에 네이메헌 대학교에 들어가면서 헨리 나웬 생애에서 단순하고 획일적이었던 한 시절은 끝이 납니다. 대학원생으로서 그는 새로운 사상과 도전에 직면했고 다양한 활동과 토론에 참여했습니다. 흥미롭고 새로운 환경에서 네덜란드의 변화된 가톨릭 신앙을 실천하고 장려할 기회가 많이 생겨났습니다. 외향적이고 신념이 강한 헨리는 학내에서 대화와 논쟁에 열중했습니다. 마이클 포드는 말합니다.

> 네이메헌에 있는 동안 나웬은 열정과 강렬함으로 두각을 나타냈습니다. 가톨릭교회의 축복과 신학 교육을 철저히 받은 그는 학생들 모임에 적극적으로 참여하는 듯 보였습니다. 네이메헌은 가톨릭

---

[19] H.C.J. Duijker, "Psychology in the Netherlands", *The Corsini Encyclopedia of Psychology and Behavioral Science*, 3rd ed., 4 vols. (New York: Wiley 2001) 3: 1029-1031.

계열의 학교였지만 학생 다수가 교권 반대적 성향을 가지고 있었습니다. 친구와 추종자가 많은 나웬조차도 때로는 호된 반발에 부닥치곤 했습니다.[20]

한편, 정규 교과목에서 나웬은 더 커다란 어려움을 만났습니다. 그의 전공 분야에는 종교적 내용도 있었지만(종교와 문화의 심리학적 상호 작용 연구로 저명한 포트만Han Fortmann이 그곳에 교수로 있었는데, 헨리는 그에게서 많은 영향을 받았습니다) 심리학의 철학적 기초는 그가 어려서부터 배워 온 신학적 관점에서는 너무나 어려웠습니다.

이를테면 프로이트는 하느님 섭리에 대한 믿음이나 덕행 등의 전통적 개념을 인정하지 않았습니다. 그는 인간의 모든 행동과 사고는 무의식에 감춰져 있는 유아기의 체험에 기인한다고 보면서, 우리가 이것을 잘 살펴야만 어른으로 성장할 수 있다고 주장합니다. 그에 따르면 인간의 행동은 궁극적으로 근본적 욕구, 즉 성욕이나 공격성 혹은 자살 충동에서 비롯됩니다. 도덕적·지성적으로 위대한 업적조차도 그 동기를 살펴보면 근본적으로 이런 자극에서 비롯되었다는 것입니다. 프로이트의 견해에 따르면 모든 사람은 성 심리적 발달 과정에서 일어나는 피할 수 없는 갈등을 안고 있는 다소간의 병적 상태에 있는 셈입니다.

프로이트는 종교를 환상이나 신경과민증으로 취급했습니다. 어린 시절에 현실 세계에서 죽음의 공포에 직면하면, 우리는 스스로의 기대를 충족시키기 위해서 혹은 조상들의 가르침에 따라 자비로운 신을 스스로 만들어 낸다는 것입니다. 이렇게 프로이트의 이론은 그 어떤 것도 그리스도교

---

20 Ford, *Wounded Prophet*, 88.

사상과 쉽게 조화를 이루지 못합니다.[21] 신심 깊은 그리스도인이나 유다인들은 이런 이유로 현대 정신분석학의 아버지 프로이트를 마뜩잖은 눈으로 바라보며 경계합니다.[22] 젊은 헨리 나웬도 프로이트를 배우면서 충격을 많이 받았을 것입니다.

도전적 외침은 프로이트만이 아니었습니다. 융의 초기 접근 방식은 언뜻 부드러운 것처럼 보였습니다. 하지만 그는 오랜 세월 그리스도교 사상의 근간을 이룬 개념들을 바꾸어 버렸습니다. 중국의 음양설처럼 융 학파의 세계관은 '인간에게 의식이 있다면 무의식도 있다'는 이원적 대립에 기초를 두었습니다. 의식적으로 남성인 사람은 잠재적으로 또는 무의식적으로 여성을 포함하고 있습니다. 이것이 유명한 아니무스animus(여성의 남성적 특징)와 아니마anima(남성의 여성적 특징)입니다. 이 두 모습의 긴장 사이에서 어느 한편은 발달되지 못한 채 억압되어 있습니다.

발달되지 못한 특성이라고 해서 사라진 것은 아닙니다. 그것은 인간 정신 안에 깊숙이 숨겨져 있습니다. 마치 옷장 안에 있지만 결코 입지 않는 옷과 같습니다. 성장하지 못한 이 모습이 마음 깊은 곳으로부터 우리의 정신에 은밀한 압력을 가합니다. 선택받거나 성장하지 못한 우리의 일면이 머무는 심리적 중간 지대에 그 '그림자'가 있습니다. 융은 먼 옛날의 원시인들이 현대인보다 무의식에 잘 접근했을 것으로 확신했습니다. 그는 저술들에서 영혼의 근본을 설명하기 위해 원시인과 고대·중세의 이미지를 인용하고, 신화와 관습을 분석하기도 했습니다. 융의 정신분석은 사람들

---

21 Peter Homans, *Theology after Freud* (Indianapolis, Ind.: Bobbs-Merrill 1970) 참조.

22 프로이트의 사상과 영향은 Edward Erwin, *The Freud Encyclopedia: Theory, Therapy and Culture* (New York: Routledge 2002), 그리스도인의 비평에 대해서는 Stanton Jones, Richard Butman, *Modern Psychotherapies: A Comprehensive Christian Appraisal* (Downer's Grove, Ill.: Intervarsity 1991) 65-91 참조.

의 마음을 건강하게 만들고 고유함으로 이끌었습니다. 사람들이 하느님이라 부르는 더 높은 자아를 만나도록 도와주면서, 내적 성숙과 그 고태형古態型(인류의 근원적·무의식적 심상)을 탐구했습니다.[23]

신학에 있어서 융은 비관론자였습니다. 심리적 투사 때문에 우리의 시야가 흐려져서 신에 대한 참된 인식이 사실상 불가능하다고 여겼습니다. 종교에 대한 태도는 줄곧 이중적이었습니다. 개신교 목사였던 아버지는 일종의 정신적 상처를 가지고 있었는데, 이런 아버지를 닮은 융은 그리스도교에 대단히 적대적인 태도를 가지게 되었습니다. 그러나 한편으로는 심리학적 측면에서 유의미한 그리스도교 전례와 신앙, 특히 중세 가톨릭교회의 전례와 신앙을 수용하기도 했습니다. 그의 심리학은 그리스도인의 흥미를 끌었고, 종교인과 학자들 역시 많은 관심을 갖게 되었습니다. 그는 진리와 종교 사이에서 갈등하는 사람이었습니다.[24]

오늘날 프로이트와 융은 서구 대중문화 속에서도 발견할 수 있을 만큼 보편화되어 있지만, 헨리 나웬이 심리학을 공부하던 당시 맞닥뜨린 도전과 혼란이 어떠했을지는 가히 짐작하고도 남습니다. 1950년대와 1960년대, 논쟁의 한가운데 놓인 새로운 '정신과학'을 전공하는 젊은 사제 헨리 나웬은 이 분야의 선구자적 역할을 했다고 볼 수 있습니다. 당시 가톨릭 교리와 심리학은 서로 너무나 다른 가치 체계 사이에서 직접적 교류가 전

---

[23] 융의 이론에 대한 훌륭한 개요는 Edward Whitmont, *The Symbolic Quest* (Princeton, N.J.: Princeton University 1978), 그리스도인의 입장은 Antonio Moreno, *Jung, Gods, and Modern Man* (Notre Dame, Ind.: Notre Dame University 1970); J.M. Spiegelman, *Catholicism and Jungian Psychology* (Phoenix, Ariz.: Falcon 1988); Wallace Clift, *Jung and Christianity* (New York: Crossroads 1983), 융의 신앙에 대한 비평은 Richard Noll, *The Jung Cult: Origins of a Charismatic Movement* (Princeton, N.J.: Princeton University 1994) 참조.

[24] 종교에 대한 융의 양면가치는 C.G. Jung, *Psychology and Religion* (New Haven, Conn.: Yale University 1938) 참조.

혀 불가능했습니다. 현실에 대해 상반된 두 가지 견해 사이에서 나웬은 오랫동안 정신적으로 방황했습니다. 세상은 그에게, 서로 배타적인 두 가지 사상 모두에 대해 수준 높은 전문성을 요구했습니다. 대학원생이면서 사제로서 그는 큰 갈등을 겪었을 것입니다.

그리고 그의 계획에 심각한 문제가 발생했습니다. 나웬은 대학원 1학년 때, 어휘론, 방법론, 심리학과 철학의 기초 이론을 배웠습니다. 그런데 임상심리학에 대해 알면 알수록 자신이 뭔가 잘못된 방향으로 가고 있다는 사실을 깨달았습니다. 임상심리학은 과학적 정밀성으로 인간의 본성을 연구하는 학문입니다. 그런데 때때로 그 정밀성이 의심스러웠습니다. 실험과 통계에만 의존하거나, 병리학과 임상 조건 분석에 너무 치중하는 것처럼 보이기도 했습니다. 그는 이런 것들에 흥미를 느끼지 못했습니다. 사례 연구를 완성할 수는 있었지만 독자적으로 수행하는 따분한 심리학 연구가 그에게는 기질적으로 맞지 않았습니다. 그것은 몇 달이나 몇 년간 고독하게 연구에만 몰두하거나, 무미건조한 데이터와 머리가 터지도록 씨름해야 하는 생활이었습니다. 그는 비현실적 관념이나 세세하고 자질구레한 일과는 맞지 않는 사람이었기 때문에, 몇 년 동안 임상심리학 박사 과정을 밟으면서 오르지 못할 벽을 실감했던 것입니다.

또 다른 문제는 자료 부족이었습니다. 오늘날 모든 책이 구비된 대형 서점에 들어서면 종교 서적 코너 바로 옆에서 심리학 서적을 발견할 수 있습니다. 그곳에는 심리학과 종교를 아우르는 책이 많이 있습니다. 두 분야의 공유가 이루어지기까지 반세기가 걸렸습니다. 헨리 나웬이 대학원생이던 시절의 네덜란드에서는 상상하기 어려운 일입니다.

에움길

새로운 분야의 선구자가 되기 위해 지적 도전에 나선 헨리 나웬에게 고난은 계속되었습니다. 이 도전에 성공할 수 있을지 미심쩍었습니다. 학위를 마쳐야 할지 자기 자신과 주변 사람들에게 물어보았습니다. 길을 잘못 들어선 것이 꼭 나웬의 탓만은 아니었습니다. 일단 첫 고비만 넘어서면 학문의 성취 여부는 가늠할 수 없는 변수에 달려 있습니다. 연구나 과제가 자신에게 잘 맞고 올바른 방향으로 나아가기만 한다면 오랫동안 그 연구에 전념할 수 있습니다. 그러나 나웬의 경우는 그렇지 못했습니다.

하느님께서 당신 백성을 어떻게 인도하시는지에 대한 영적 교훈이 여기에 있는 것 같습니다. 우리는 광야에서 헤매던 이스라엘 백성 이야기를 기억하고 있습니다. 그리고 하느님의 은혜를 받은 백성은 분명한 목표와 확신을 지니고 있어야 한다는 생각에 집착합니다. 우리는 반드시 똑바로 나아가야만 한다고 생각하지만 언제나 뜻대로 되는 것은 아닙니다. 성인聖人들의 삶을 봅시다. 7년 동안 일꾼 노릇을 해 주고도 다른 여자와 결혼하게 된 성조聖祖 야곱을 보더라도(창세 29,15-30 참조) 우리가 얼마나 실수가 잦고 시간을 낭비하며 길을 돌아서 가는지 깨닫게 됩니다. 이런 면에서 나웬은 앞서 간 성인들을 닮은 것 같습니다. 결국 그는 박사 학위를 받지 못했습니다. 그리고 해서 모든 분야에서 성공하라는 법은 없었습니다. 학문에 있어서도 그는 전형적인 학자 타입은 아니었습니다.

또 다른 고민도 있었습니다. 사람들은 심리학자나 정신의학자에게서 전문적 수련에 따른 진지함과 성숙함을 기대합니다. 헨리 나웬은 한 시대 문화의 선구자로서 교육받은 사람이었고, 사람들은 그가 학업을 마치게 되면 관련 지식으로 무장한 전문가의 모습을 보여 줄 것으로 기대했습니다.

헨리 나웬은 공부를 계속할수록 세상의 기대와 개인의 허영심에 불편을 느끼게 되었습니다. 심리학을 향해 한발 한발 나아갈수록 복음의 이상에서는 점점 더 멀어져 가는 듯했습니다. 또 전문가인 양 우쭐대는 것도 그에게는 어색하기만 했습니다.

헨리 나웬의 심리에 대해서는 다음 장에서 심도 있게 다룰 것이므로, 여기서는 다만 그가 완전한 성인기로 접어들기를 거부했다고만 밝히려 합니다. 그는 놀기 좋아하는 어린이와 같은 성격을 지니고 있었습니다. 그렇게 헨리는 예술가의 마음과 순수한 창조성, 그리고 무의식적으로 자신을 아이로 여기는 특성을 지니고 있었습니다. 어른이 되고도 소년으로 남아 있는 이런 사람을 융 학파에서는 '영원한 소년'Puer Aeternus이라 불렀습니다. 나웬의 소년 같은 매력이 신학생 때는 쉽게 받아들여졌겠지만, 제약이 많은 대학원 생활에서는 이런 모습이 통하지 않았을 것입니다.

이런저런 이유로 헨리 나웬은 심리학 박사 학위를 포기하게 됩니다. 그는 '전문가'가 되지 못했고 다른 전문가들을 따라갈 수도 없었습니다. 결국 다른 길을 택하고도, 전문가 의식에 대한 불편함은 줄곧 그의 마음에 남아 있었습니다. 『창조적 사목』Creative Ministry에서 사목자들이 취하는 전문가적 태도를 비판한 것은 분명 우연이 아니었습니다. 전문가적 태도에 대한 저항 의식은 그의 삶과 가르침을 관통하는 주제가 되었습니다. 이런 의식은 말년의 작품 가운데 하나인 『예수의 이름으로』In the Name of Jesus에서도 찾아볼 수 있습니다.

> 목자이신 예수는 우리도 목자가 되기를 원하십니다. 그분은 베드로에게 당신의 양을 돌보라고 말씀하셨습니다. 환자의 문제를 처리하는 '전문가'로서가 아니라, 사람을 만나 그들에게 알려지고, 환

자를 돌보며 자신도 보살핌을 받고, 용서하며 용서받고, 사랑하며 사랑받는, 그렇게 연약한 존재로서 형제자매들과 함께하기를 그분은 원하십니다. 훌륭한 리더십을 발휘하려면 사람들과 적당한 거리를 두어야 한다고 우리는 생각해 왔습니다. 일반 의학이나 정신의학, 사회사업에서는 늘 일방적인 '봉사'의 태도만 강조했습니다. 누구는 봉사하고 누구는 받기만 하는 역할을 맡아 왔습니다. … 효율성과 통제가 강조되는 이 세상에서 예수께서 양들을 돌보셨던 방법대로 우리가 다른 이들을 인도하기란 쉽지 않습니다.

반전문가적 태도는 나웬이 대학원에서 공부하던 시기에 더욱 구체화되었습니다. 그는 사람들이 전문성만을 추구하면서 점점 더 비인간화되고 그리스도인의 모습에서 멀어진다고 생각하게 되었습니다. 그래서 대안을 찾기 시작합니다. 그러는 동안 그는 네덜란드와 미국을 오가는 정기 여객선에서 사제로서 보수 없이 봉사합니다. 덕분에 줄곧 마음이 끌렸던 미국을 몇 차례 방문할 수 있었습니다. 1960년대 초반, 심리학 분야에서 미국이 선두 주자였다는 사실도 관심의 이유 가운데 하나였습니다. 그는 심리학과 종교를 '사목 상담'이라는 형태로 결합시킨 과정이 미국에 있다는 사실을 알았습니다. 보스턴에 잠깐 머무는 동안 그는 이 새로운 학문에 관심을 두고 있는 하버드 대학교의 심리학자 고든 올포트Gordon Allport의 초청을 받습니다. 나웬을 만난 자리에서 올포트는 그에게 우선 학위를 마치고 캔자스에 있는 메닝거 재단Menninger Foundation으로 가는 것이 좋겠다고 제안합니다. 1964년, 나웬은 오랫동안 편지를 주고받았던 프린스턴 대학교의 스워드 힐트너Seward Hiltner와의 또 다른 만남을 통해 메닝거 재단에 가기로 마음을 굳힙니다. 1960년대의 많은 지도급 학자가 정신의학과 심리학 그리고 종교의 상호 관련성에 관심을 가지기 시작하면서 메닝거 연구소로 모여들었습니다.

안톤 보이슨

하버드 대학교의 고든 올포트의 말대로 나웬은 네덜란드에서 학업을 끝내고 논문을 마칠 것을 결심합니다. 미국 병원 사목 교육의 창시자로 유명한 안톤 보이슨Anton Boisen 목사를 논문 주제로 택했습니다. 보이슨은 사회에 크게 공헌한 사람이지만 개인적 삶은 불우했습니다.

안톤 보이슨은 1876년 인디애나에서 태어났습니다. 헨리와 마찬가지로 교육적이고 종교적인 가정환경에서 성장한 그는 목사이면서 산림학 분야에서 일하기도 했습니다. 신경쇠약증으로 15개월 동안 정신병원에 수감되었을 때는 독방에서 정신병으로 고통받는 것을 회개와 자성自省을 위한 부르심으로 받아들였습니다. 그는 우울증과 정신이상에 적극적으로 대항하여 건강을 다시 회복합니다. 그 과정을 통해 자신의 과거 경험과 교육, 사랑하는 사람들, 그 밖의 모든 것이 회복에 도움이 되었다는 사실을 깨달았습니다. 정신병과 회복 사이의 외줄을 오가는 동안 그에게 가장 소중했던 것은 과거의 경험, 그가 돌보았던 사람들, 그리고 하느님이었습니다. 그는 자신의 정신병을 이해하고 분석하기 위해 스스로의 '역사'를 철저히 검토했습니다. 완치되고 나서 그 모든 과정을 되돌아보자, 그는 자신에게 일어난 일이 하느님의 부르심과 섭리임을 깨달았습니다. 병력이 약점이 되기보다는, 오히려 이후의 활동에 힘이 되어 주었습니다.

보이슨은 매사추세츠 주 앤도버 신학교Andover Theological Seminary와 하버드 대학교에서 수업을 받으면서 그곳에서 보스턴의 명문가 자제인 리처드 캐벗Richard Cabot, M.D.을 만납니다. 리처드는 당시 하버드 법과 대학원에서 사용되던 사례연구를 의학 분야에 적용시켜 명성을 얻고 있었습니다. 보이슨은 캐벗과의 많은 대화를 통해 중요한 개념들을 깨닫게 되었습니다. 사례연구 개념은 보이슨이 자신의 병을 극복하면서 깨달은 바를 더욱 명료하게 해 주었습니다. 현실 상황, 특히 개인의 경험이 교과서의 추상적 접근법보다 훨씬 큰 가치가 있었습니다.

훗날 보이슨은 매사추세츠 주의 주요 정신병원 가운데 하나인 우스터 주립 병원장으로 임명됩니다. 거기서 그는 신학생들을 초청하여 병자들을 돌보게 하고 목사와 의사와 간호사의 치료 결연을 주선했습니다. 그리고 미국 전역에 걸쳐 신학교의 병원 사목 교육을 장려하면서 자신의 이론을 실천해 나갔습니다. 그는 자신의 삶과 사고의 전개 과정을 진리와 영감의 원천으로 삼았습니다. 그의 정신 건강은 완전히 안심할 수 있는 상태가 아니었기 때문에, 이따금 동료와 학생들은 그를 염려하기도 했습니다. 그러나 보이슨은 종교적 체험과 정신병 사이에는 긴밀한 연결 고리가 있다고 여기며 자긍심을 가지고 살았습니다. 그는 비극적 운명을 타고난 천재이자 상처 입은 치유자였습니다. 그의 빛나는 통찰력은 자신의 고통으로부터 비롯된 것으로, 빈센트 반 고흐Vincent van Gogh나 노년의 헨리 나웬과도 흡사한 모습입니다.[25]

보이슨에 대한 헨리 나웬의 논문이 네이메헌 대학교에 제출되었지만 즉각 승인되지는 않았습니다. 헨리는 논문이 통과되려면 통계와 임상 실험에 근거한 과학적 작품으로 수정해야 한다는 말을 듣게 됩니다. 편협한 전문가주의에 갇힐 것인가 말 것인가로 망설이던 그는 결국 논문을 포기한

---

[25] Henri Nouwen, "Anton Boisen and Theology Through Living Human Documents", *Pastoral Psychology* 19:186 (September 1968) 49-63.

채 석사 학위만 가지고 네이메헌을 떠나기로 결심합니다.[26] 당시 네덜란드에서 박사 학위는 학문적으로 권위 있었던 데 비해, 석사 학위는 전문가 자격증 정도에 불과했습니다.[27]

제2차 바티칸 공의회

헨리 나웬이 논문에 몰두하고 그 논문이 네이메헌 대학교 심리학과 교수진에 의해 거부당하던 그 시기에, 교회에서도 많은 일이 일어났습니다. 1960년에 추기경이 된 베르나르두스 알프링크는 제2차 바티칸 공의회를 계획하고 준비하기 위한 자문위원단에 임명되었습니다. 이 역사적 자문위원회는 교황 요한 23세에 의해 소집된 것입니다. 교황 요한 23세는 재임 기간 내내 교회가 승리주의와 중세적 태도 그리고 이전 세기의 피해망상적 정책에서 벗어나도록 하기 위해 노력을 아끼지 않았습니다. 일단 공의회가 시작되자 프랑스의 신학 스타일과 정신이 우위를 점하며 전통적인 독일식 접근법을 끌어들였습니다. 약 20년 동안 억압되었던 많은 풍조들이 되살아나기 시작했습니다.

공의회는 공식적으로 1962년에 시작되었습니다. 네덜란드는 수적으로는 소수였지만, 뛰어난 조직력과 강력한 미디어 기구 덕분에 공의회에서 결정적 역할을 담당합니다. 정부의 보조를 받는 네덜란드 정보 센터(DOC)는 진보 신학자들이 입안한 보고서를 단시일 내에 제작하여 주요 언어로 번역해 내고, 이 문서들은 종종 공의회에서 토의의 기초 자료가 되었습니다. 언론과 방송 매체들은 바티칸 주요 인물들에 대한 접근이 불가능했기

---

26 Ford, *Wounded Prophet*, 89.
27 Duijker, "Psychology in the Netherlands", 1030.

때문에, 그들은 DOC를 공의회에 관한 최신 뉴스를 전달해 주는 회견장처럼 여기게 되었습니다. 공의회 조직, 새로운 뉴스와 결정 사항 등을 전달하는 데 네덜란드가 강력한 영향력을 행사하게 된 것입니다. 교회 구조나 전례의 변화에 관한 사안들은 이미 네덜란드에서 실험적으로 시행된 것들이었습니다. 벨기에의 수에네스Suenes 추기경과 함께 알프링크 추기경은, 로마에서 활동하는 진보적 주교들의 지도자로 부상했습니다.

헨리 나웬은 공의회 동안 여러 번 로마에 갔습니다. 헨리를 잘 아는 사람이라면 제2차 바티칸 공의회가 그에게 미친 영향이 얼마나 큰지도 알 것입니다. 이 공의회에서는 그동안 관습적으로 좇아 온 전통, 즉 중세 후기의 전통으로부터 시선을 돌려 성경과 초대교회에 초점을 맞추게 했습니다. 교회는 성인들보다 그리스도를 바라보기 시작했고, 교회의 사도직에 평신도를 포함시키도록 교의가 재정립되었습니다. 나아가 가톨릭교회만 진리나 구원을 독점하고 있지는 않다는 인식에까지 이르렀습니다. 동방정교회와 개신교의 참관인들이 공의회에 참석했고 두 교파의 신학적 식견이 공의회 문서에 녹아들어 구체화되었습니다. 모든 사람은 종교의 자유와 양심의 자유를 누릴 수 있음을 인정받기도 했습니다.

본질적으로 제2차 바티칸 공의회는 현대사회, 타종교, 평신도에 관한 교회의 신학을 쇄신하여 분명히 밝히고자 했습니다. 이전에는 간과하고 있던 분야의 긍정적 가치와 많은 장점을 교회는 인정했습니다. 제2차 바티칸 공의회는 성경을 따르며 더욱 겸손하고 포용력 있는 가톨릭 사제직과 성직 제도를 이루고자 했습니다. 제2차 바티칸 공의회는 분열과 우월주의가 팽배한 곳에 관대함과 겸손한 정신을 불러오고자 했습니다.

헨리 나웬이 메닝거 재단에서 공부하기 위해 미국에 도착한 1964년은 제2차 바티칸 공의회의 제3회기 중이었습니다. 공의회는 이 시기에 「교회에 관한 교의 헌장」, 「일치 운동에 관한 교령」, 「동방 가톨릭교회들에 관한 교령」을 반포했습니다. 로마에서 전개되고 있는 일대 사건이 대부분의 사람들에게는 혁명적이었겠지만 이미 오랫동안 그러한 영성을 살아온 헨리 나웬에게는 지극히 자연스러운 것이었습니다. 알프링크 추기경이 바로 나웬의 주교였고, 로마에서 일어나고 있는 변화들은 일찍이 프랑스, 벨기에, 네덜란드에서 시작된 것들이기 때문입니다. 캔자스에서 헨리 나웬을 만난 미국인들은, 공의회 기간 동안 로마에 머물렀던 네덜란드 사제인 그를 새로운 가톨릭 정신의 살아 있는 표상으로 여겼습니다. 헨리의 주된 관심은 여전히 심리학을 사목에 적용하는 것이었지만, 그는 미국에서 제2차 바티칸 공의회 영성의 대변자로서 자신의 새로운 역할과 사명이 있음을 깨달았습니다.

메닝거와 노트르담

나웬은 메닝거 재단에서의 경험을 일생을 통틀어 가장 참된 배움이었다고 회상합니다. 칼 메닝거Karl Menninger 박사는 헨리 나웬에게 이상적 귀감이 되었습니다. 정신병에 관한 순수 임상 연구로 유명한 메닝거는 미국 사회의 참된 가치와 결핍에 대해 목소리를 내는 대중적 인물이었습니다. 나웬이 연구하는 혼성 사목 심리학의 많은 종사자들이 메닝거 재단에 소속되어 있었습니다.

   이곳에서 나웬은 마침내 보이슨의 작품을 통해 어렴풋이 알게 된 세상과 접촉할 수 있었습니다. 종교와 심리학을 결합하여 인간의 특성을 발견할 수 있는 세계였습니다. 연구 과정의 지도자인 존 도스 산토스John Dos Santos와의 특별한 만남도 이루어졌습니다. 헨리 나웬과 존 도스 산토스는 재단에 속한 가톨릭 신자들의 소규모 토론 그룹에 참여했습니다. 존은 좋은 친구였고 헨리의 나아갈 길에 대한 실마리를 제시해 주기도 했습니다. 그는 나웬을 이렇게 기억합니다.

> 1965년, 노트르담 대학교에 심리학과를 설립하고 대학원 과정을 만들고 나서, 나는 헨리에게 교수로서 인디애나 주 북부의 사우스 벤드South Bend에 오지 않겠느냐고 제안했습니다. 그는 동의하면서도 경험이 부족하기 때문에 미국 기관에서 일할 자격이 되는지를 걱정했습니다. 내가 헨리를 우리 과에 초빙하기로 결심한 것은, 그에게는 색다른 문화적 배경과 식견이 있고 조언자, 상담자, 교사로서 훌륭한 가능성을 지니고 있다고 생각했기 때문입니다. 게다가 아직은 심리학과가 생소한 가톨릭계 대학교에서 심리학 프로그램을 진행하는 데 있어 정직하고 실제적인 조력자로서 그를 신뢰할 수 있다고 생각했습니다.
> 사실 그런 점에서 헨리는 정말 포용력 있고 도움이 되는 사람이었습니다. 엄밀히 말해서 그는 학문 분야에서는 말을 더 아끼는 경향이 있었습니다. 처음부터 그 학과는 과학적 심리학과 그 연구에 초점을 맞추었습니다. 이런 점이 헨리로 하여금 소외감과 불편함을 느끼게 하지 않을까, 나는 염려되었습니다. 그는 지각과 인식에 관한 우리의 연구에 관심이 있었고, 우리는 그와 함께 개념화, 연구 계획과 방법론, 결과에 대한 통계적 분석과 가설 검증에 관해 토론했습니다. 그는 매우 흥미 있어 하며 주의를 기울였지만, 이내 자신이 추구하는 분야가 아님을 깨달았습니다. 그런 후에 그는 사목신학에 전념했습니다.[28]

존 도스 산토스는 노트르담 대학교 행정 당국과 맞서는 데 자기편의 사제가 있었으면 하고 바랐던 것 같습니다. 그래서 헨리 나웬에게 도움을 청했던 것입니다. 노트르담 대학교에서도 나웬은 대학에서 강의하는 임상의학자나 전문가의 역할을 받아들이는 데 여전히 갈등을 겪었습니다. 그는 총명하고 재능이 있었지만 보통의 교수들이 명성을 쌓는 전문적 연구 방식에는 관심이 없었습니다. 미국의 대학과 교계에서 유명해졌지만 비학문적 경향 때문에 그는 여전히 부담스러운 존재였습니다. 당시 미국 학계에서 박사 학위는 종신 고용에 반드시 필요한 조건이었기 때문에, 노트르담 대학교 행정 당국은 헨리가 이런 요건을 충족시켜야만 장래를 보장할 수 있다는 점을 분명히 했습니다.

이로써 나웬이 나아갈 길이 더욱 분명해졌습니다. 미국에 머문 몇 해 동안 그는 사목신학적 관점에서 보이슨에 대한 연구를 고쳐 쓰는 문제로 고민했고, 사례연구에 관해서도 글을 썼습니다. 노트르담을 떠나 네덜란드로 돌아온 그는 네이메헌에서 신학 박사 학위를 위한 과목들을 이수하기 시작합니다. 네덜란드에 머물며 박사 과정을 밟는 동안 그는 암스테르담과 위트레흐트 두 곳의 신학교에서 가르쳤습니다.

한쪽 문이 닫히면 다른 쪽 문이 열린다

이때는 나웬의 삶에서 불행한 시기였습니다. 네덜란드에 돌아온 그는 네덜란드 교회와 조화를 이루지 못합니다. 그 무렵 바티칸은 마침내 네덜란드식 '개혁'에 단호한 거부를 표명하기에 이릅니다.[29] 특히 평신도를 포함

---

[28] John Dos Santos, "Remembering Henri", in Porter, *Befriending Life*, 196-197.

[29] Goddijn, *The Deferred Revolution*.

하는 국가사목협의회에 관한 건이나 (사제 결혼 허용과 같은 파격적인 내용이 담긴) 정책 제안 등은 바티칸에서 좋은 반응을 얻지 못했습니다. 네덜란드식 신학을 통제할 필요가 있다고 판단한 바티칸은 마침내, 그동안 네덜란드 가톨릭교회의 새로운 흐름에 목청 높여 반대하던 네덜란드 성직자들만 주교로 임명하기 시작합니다.

바티칸의 결정에 대해 네덜란드 평신도들은 분노하며 반발했고, 교회 전례 참석자와 봉사자 수가 현저히 감소했습니다. 반발의 일환으로 종교와 사회의 분리가 이루어지면서 더 이상 가톨릭교회는 사회에 영향력을 행사하지 못하게 됩니다. 흥분과 쇄신의 짧은 '봄'을 만끽한 네덜란드 가톨릭교회는 산산조각이 나고 쓴맛을 보게 됩니다. 바티칸에 적극적으로 대항하면서 이런 흐름을 주도한 사제들은 인기를 얻습니다.

몇 년간 미국에서 보이슨을 연구하며 많은 체험을 하고 돌아온 헨리 나웬은 확신을 가지고 개인의 영적 체험에 더욱 초점을 맞추었습니다. 그는 주교를 비난하고 교회 정책을 반대하는 당시 네덜란드 교회의 일련의 제도적 투쟁에 불쾌감을 느꼈습니다. 그는 외톨이가 되었습니다. 일치단결한 네덜란드와 그는 조화를 이루지 못하는 듯 보였습니다. 헨리가 네덜란드에 없을 때 이루어진 합의들이었기 때문에 거기에서 그는 아무 역할도 하지 못했습니다. 외로운 시기였습니다. 그는 미국의 벗들에게 연락을 취해 미국에서 책을 낼 수 있는지 알아보았습니다.

네이메헌 대학교 신학과에 마침내 논문을 제출했지만 결과는 심리학과에서와 똑같았습니다. 신학적 깊이가 없는 초고의 형태라는 이유로 불합격되었습니다. 다른 주제를 잡아서 다시 논문을 시작하려면 2~3년의 시간을 다시 투자해야 합니다. 그는 마음이 내키지 않았고 더 이상 박사 학위에 도전하지 않겠다고 결심합니다. 결국 네이메헌 대학교에서 두 번째 석사 학위를 받았습니다. 그리고 후일 헨리는 미국에서 명예박사 학위를 받습니다.

이 시기에 헨리 나웬이 네덜란드와 네덜란드 교회에 대해 느낀 양가감정을 이해할 만합니다. 학위를 받지 못했을 뿐만 아니라 네덜란드 가톨릭 교회는 많이 변해 있었습니다. 예일 대학교에서는 그에게 교수직을 제안했습니다. 그때까지도 자신의 미래는 네덜란드에 있다고 생각한 헨리는 이 제안을 거절합니다. 그러나 예일 대학교의 프러포즈는 계속되고 그는 마침내 수락합니다. 미국 대륙 1인 선교의 진정한 시작이었습니다. 예일 대학교로서는 심리학 전문 지식을 갖춘 가톨릭 사제를 영입했다고 생각했겠지만, 헨리는 예일 대학교에서 가르치기 시작하면서 심리학적 접근법을 버리기로 결심합니다. 전문 용어나 심리학적 식견은 그 후 10여 년간 그의 작품에서 드러나고 있지만, 그리스도교 작가로서 명성과 두각을 나타내면서 그는 영적 관점을 확립하게 됩니다.

사랑받는 아들

헨리 나웬의 네덜란드 시절은 이렇게 막을 내리고 있었습니다. 그에게 네덜란드는 과연 어떤 의미일까요? 그의 어린 시절을 되돌아볼 때, 나는 헨리가 사랑받는 아들이었다고 생각합니다. 자연스럽게 그는 특별한 사람으로 성장했습니다. 가족은 그가 큰 인물이 될 것으로 기대했고, 교회는 그를 다음 세대의 지도자로 선택하여 준비시켰습니다. 헨리 자신은 인식하지 못했지만 그의 젊은 시절의 가장 중요한 사건은 제2차 바티칸 공의회였습니다. 제2차 세계대전으로 인해 신학과 영성을 쇄신해야 할 필요가 절실해졌습니다. 처음에는 프랑스인들이 개혁 운동을 주도했고, 벨기에와 네덜란드가 이어받았습니다. 네덜란드는 새로운 그리스도교가 전개되는 실험의 장이 되었습니다. 위대한 자유와 이상이 꽃피는 시기였습니다. 헨리 나웬의 주교였던 알프링크 추기경은 교회의 이러한 변화를 후원하고 장려했습니다.

개방이 이루어지면서 낙관과 활력이 넘치는 시대가 찾아왔습니다. 알프링크 추기경은 젊은 헨리 나웬이 네이메헌 대학교와 메닝거 재단에서 자유롭게 심리학 대학원 과정을 밟을 수 있게 해 주었습니다. 추기경은 헨리를 보기 위해 캔자스에 있는 메닝거 재단을 방문하기도 했습니다. 운 좋게도 헨리 나웬은 이렇게 큰 후원과 자유를 누릴 수 있었습니다. 동료들 대부분은 평범하게 교구 사목을 했지만 그는 공부를 계속하며 세상을 둘러볼 수 있었습니다. 사랑받는 아들의 적절한 행보라 하지 않을 수 없습니다. 여러 해가 지난 뒤 그는 미국 교계의 유명 인사가 되었고, 제2차 바티칸 공의회 당시의 스힐레벡스 같은 신학자들처럼, 포괄적으로 성경에 입각한 그리스도 중심적 가르침을 펴기 시작했습니다. 이미 젊은 시절부터 이런 사상에 동화되어 있던 그였기에 논쟁의 여지 따위는 개의치 않았습니다. 성경에 바탕을 두는 것, 주교가 승인하는 것, 학교에서 배우는 것이 달라서야 되겠습니까? 그리스도인 대부분이 제자리로 돌아가 일상을 살아갈 때도, 그는 여전히 제2차 바티칸 공의회의 초기 정신을 구현하며 살았습니다.

헨리 나웬은 단순히 학문에만 전념할 수 없었기 때문에 일반대학이나 신학교에서 평범한 교수로 지내지 못했습니다. 우선은 다만 그가 시대를 앞서 갔기 때문이라고 말하고 싶습니다. 그가 대학원에 들어갈 때만 해도 사목 심리학이라는 분야는 존재하지 않았습니다. 그런데 아이러니하게도 오늘날 네덜란드는 사목 심리학의 선두 주자 격입니다.[30] 헨리 나웬 당시에는 임상심리학을 공부하든가 포트만처럼 종교와 문화를 연구하는 방법 밖에 없었습니다.

네이메헌 대학교 박사 과정은 헨리 나웬 젊은 시절의 가장 큰 시험이었습니다. 그는 박사 학위를 두 번씩이나 실패하고는 큰 실망에 빠집니다. 그러나 한편으로는 시련과 압력에 굴복하거나 순응하지 않는 자신을 확인하는 계기가 되었습니다. 그에게는 자신만의 통찰력이 있었습니다. 나웬만큼 자의식이 강한 사람이 아니었다면 체념하고 다른 길을 택했을 것입니다. 그러나 역경과 불행조차도 자신을 중요한 사명으로 이끄는 데 결정적 역할을 할 수 있음을, 그는 일찍이 보이슨을 연구하면서 배웠습니다. 그리고 스스로 깨달음을 얻은 것입니다. 임상심리학에 만족하여 네덜란드에 머물렀다면 그는 결코 미국에서 예언자의 목소리를 내지 못했을 것입니다. 그럼에도 불구하고 심리학에서의 거듭된 실패는 깊은 상처로 남았습니다. 생이 끝날 때까지 그는 심리학과 전문성에 대해 미묘한 감정을 지닌 채 살게 됩니다.

삶의 대부분의 시간을 대학에서 보내기는 했지만 학문적이고 지성적인 접근법을 시도하지는 않았습니다. 예일 대학교에 도착한 그는 성직자의 고유한 자리를 요구했습니다. 여기서 우리는 그의 특별한 개성과 소명을 엿볼 수 있습니다. 예일 대학교는 헨리 나웬에게 이상적인 무대였습니다. 유럽의 교구사제인 그가 미국의 개신교 대학교에서 유례 없는 자유를 누리며 자신에게 딱 맞는 강의와 사목을 수행할 수 있었던 것입니다. 예일 대학교는 개신교 계열이었기 때문에 그는 새로운 차원의 교회일치운동을

---

30 네덜란드 사목 심리학에 대한 일반적 개관은 "사목 심리학은 융성하고 있다!"라는 말로 시작된다. J.A. van Belzen, ed., *Op Weg naar Morgen: Godsdienstpsychologie in Nederland*, 2 vols., Studies op het terrain deer godsdienstpsychologie No. 8 (Kampen: Uitgeverij Kok 2000) 2:7.

도모할 수 있었고, 실제로 그것을 요구받았습니다. 그에게 사목을 요청한 사람들은 대부분 비가톨릭 신자였습니다. 이 직무를 수행하면서 헨리는 진정한 가톨릭 신앙과 그리스도교의 본질을 깨닫게 됩니다. 특별하고 중요한 이 과업이 자연스럽게 이루어진 것입니다. 다양한 관점에서 보지 않으면 우리는 가톨릭 신앙의 본질을 제대로 깨닫지 못합니다. 그것은 개신교 신앙도 마찬가지입니다. 새로운 관점을 이해함으로써 그는 이 세상 모든 그리스도인을 위한 새로운 그리스도 신앙을 전하기 시작했고 그 귀감이 되었습니다. 바로 예일 대학교에서 일어난 일입니다.

2

헨리 나웬의 심리

1장에서는 헨리 나웬의 출생부터 미국에서 유명한 사목자가 되기까지의 시기를 비교적 상세히 살펴보았습니다. 이때를 '알려지지 않은 시기'로 볼 수 있습니다. 비록 잘 알려져 있지는 않더라도 이 시기는 헨리 나웬의 독특한 관점과 그가 그리스도인의 삶과 영성 분야에서 차지하는 위치를 이해하는 데 도움이 됩니다. 헨리 나웬의 본모습을 좀 더 잘 알기 위해 우리는 그의 성격과 심리를 살펴보아야 합니다. 그의 영성이 그 개인의 여정과 밀접한 관계가 있을뿐더러, 그 밖의 여러 이유로 그의 성격과 심리를 살펴보는 것은 중요합니다. 감동스러운 그의 작품과 강연들을 접하노라면 어느새 그의 인간적인 모습도 수긍하게 됩니다. 그는 자신의 느낌과 실천을 작품들을 통해 여실히 전달하고 있습니다.

많은 사람이 헨리의 강력한 메시지를 따르고 싶어 합니다. 크리스 글레이저Chris Glaser의 저서, 『헨리의 망토』*Henri's Mantle*는, 헨리 나웬처럼 살고자 했던 어떤 사람에 관한 이야기입니다. 나 역시도 헨리를 흉내 내 본 적이 있습니다만, 별 소득은 없었습니다. 헨리 나웬이 될 수 있는 사람은 그 자신뿐, 다른 어느 누구도 헨리가 될 수는 없습니다. 그가 어느 정도로 특별한 사람이었는지 나 자신에게 다시 물어봅니다. 나는 그가 얼마만큼이나 다른 이들의 귀감이 되고 있는지 궁금합니다. 이것은 뒤에서 다시 다루기로 하고, 우선 그의 심리에 대해서 몇 가지 살펴보겠습니다.

심리 문제를 살펴보아야 하는 이유는 또 있습니다. 헨리 나웬을 잘 알고 가까이에서 일했던 사람들은 헨리 때문에 당황하게 되는 경우가 종종 있었습니다. 지금까지 출판된 그의 전기 가운데 가장 상세한 책이라고 볼 수 있는 『상처 입은 예언자』는 그의 성격적 결함과 모순에 관한 부정적 정보로 가득합니다. 책 제목처럼 헨리는 '상처 입은' 예언자였습니다. 높은 이상을 품고 놀라운 메시지를 전해 주던 그도 약점을 지닌 인간이었습니다. 정신적·감정적 문제들도 있었을 것입니다. 평소에 그가 친구들에게 자주 표현하고 자기 책에서도 넌지시 언급했던 문제들, 즉 심각한 불안감과 스스로를 무가치하게 느끼는 감정 등에 대해 나는 알고 싶습니다. 이런 감정들은 어디에서 비롯되었을까요? 헨리 나웬의 심리를 더 깊이 들여다보면 아마 이해하게 될 것입니다.

특별한 사람

헨리는 자신을 보통 사람들과 동일시하고 그들과 우정을 나누었음에도 불구하고 결코 '보통 사람'이 될 수 없었다는 데서부터 그에 관한 고찰을 시작하도록 하겠습니다. 그는 자신의 직무를 통해 '보통 사람'보다 더 많은 것을 성취하는 특별한 능력을 보여 주었습니다. 나웬의 전기 비디오, 『가슴을 향하여 *Straight to the Heart*[1]에서도 이 점을 확인할 수 있습니다. 그는 여러 가지 삶을 동시에 산 것처럼 보입니다. 뛰어난 카리스마와 추진력, 소명 의식 등을 심리학적 관점에서 보면 그는 사제나 대학교수보다는 정치인이나 예술가 쪽에 가까웠습니다. 세계무대에서 두각을 나타내며 꿈과 이상을 펼칠 수 있는 극소수의 특별한 부류에 속하는 사람이었습니다. 그의 좌절과 고통까지도, 성공하여 큰 명성을 떨친 사람들의 삶에서 볼 수 있는 전형적 모습입니다.

이런 사람들은 대개 어린 시절부터 그 비범함이 드러나곤 하는데, 헨리 나웬의 경우도 마찬가지였습니다. 앞서 살펴보았듯이 그는 꼬마 때부터 사제가 되기로 결심하고, 다락방에 모형 성당을 만들어 사제를 흉내 내곤 했습니다. 저명한 미국인 심리학자 제임스 힐먼James Hillman은 특별한 재능이나 천재성을 지닌 사람들의 조숙함을 연구한 바 있습니다. 주디 갈런드Judy Garland, 파블로 카잘스Pablo Casals, 헨리 포드Henry Ford, 제임스 서버James Thurber, 해리 후디니Harry Houdini를 비롯하여 그가 조사한 인물 수십 명을 보면, 일찍이 뛰어난 재능의 징후가 있었다고 합니다. 힐먼은 그들의 재능은 천부적인 것이며 '영혼의 코드'[2]를 드러내고 있다고 여겼습니다.

탁월한 행보를 보여 주는 사람들이 분명 있습니다. 그들은 적절한 시기에 적절한 장소에서 운명의 사람을 만나는 것처럼 보입니다. 그것을 운명이나 '행운'으로 볼 수도 있겠지만, 그들의 삶이나 사건들을 통해 드러나는 메시지가 분명히 있습니다. 그저 행운으로 치부할 수는 없는 일입니다. 유명한 예술가나 작곡가, 작가, 정치가 들에게는 종종 사람의 마음을 끄는

---

[1] *Straight to the Heart: The Life of Henri Nouwen*, a video produced by Karen Pascal (Markam, Ontario: Windborne Productions 2001).

[2] James Hillman, *The Soul's Code: In Search of Character and Calling* (New York: Random House 1996).

매력이나 기품이 있습니다. 그런 사람이 들어서면 존재감으로 방이 꽉 차는 듯 느껴집니다. 그들은 수많은 사람이 지켜보는 무대에 자연스럽게 오르기도 합니다. 특별한 사람이 살아가는 특별한 삶을 우리는 인정해야 합니다. 윈스턴 처칠Winston Churchill이나 엘비스 프레슬리Elvis Presley의 카리스마가 헨리 나웬에게도 분명 있었습니다.

나는 카리스마가 한 인간의 위대함과 매력을 돋보이게 하는 것은 물론이고, 한편으로는 그의 약점을 이해하는 데도 많은 도움을 준다고 생각합니다. 재능 있는 사람들 대부분이 그런 것처럼, 헨리 나웬 역시 모든 분야에서 뛰어났던 것은 아닙니다. 그는 남들이 이해하기 어려운 영적 주제를 다룰 수 있었던 반면, 식사를 준비하거나 짐을 싸는 것처럼 단순한 일은 오히려 잘 못했습니다. 카리스마적인 다른 인물들의 삶도 이와 유사합니다. 그들은 에너지의 대부분을 자신의 뛰어난 능력에 쏟아 붓기 때문에, 인간적으로는 나약하거나 모순된 모습을 보이기도 하고, 때로는 이해심과 유대감이 부족한 것처럼 느껴지기도 합니다.

갑자기 생각나는 이야기가 있습니다. 몇 년 전에 에릭 에릭슨Erik Erikson의 딸인 수 에릭슨 블러랜드Sue Erikson Bloland가 『명성: 환상의 힘과 대가』 *Fame: The Power and Cost of a Fantasy*라는 제목으로 솔직한 논문 한 편을 출간했습니다. 자아 발달과 심리 발달 이론의 대가인 아버지 에릭슨이 책에서 주장하는 내용들이 정작 아버지 본인과는 상관이 없다는 내용이 담겨 있는 논문입니다. 가정에서 그는 존재감이 없는 사람이었던 것 같습니다. 그녀는 자기 아버지를 다른 위대한 사상가나 예술가, 정치인들과 비교하면서 모두가 근본적으로는 흠결 있고 불완전한 인간임을 깨닫게 됩니다.

위대한 인물들이 대개 그러했다면, 헨리 나웬에게서도 그만큼의 비현실성과 일상의 무능력 혹은 불안이 발견되는 것은 당연한 일이었습니다.

야망을 좇거나 상류사회를 지향하는 데 반대하고, 비천한 사람들의 친구가 되었던 나웬의 삶이 유명 인사의 그것과 비슷하다는 점은 역설적이기도 합니다. 사실 나웬은 명성에 연연해하지 않는 신중한 행보를 보였습니다. 그는 시토회 수도원, 라틴아메리카 빈민가, 우크라이나 선교 등을 체험했습니다. 그리고 마침내 '새벽' 공동체에서 자기 자리를 찾아냅니다. 그때만 해도 '새벽' 공동체는 세상에 거의 알려지지 않은 곳이었습니다. 이를 통해 우리는 그가 삶에서 명성을 추구하지 않았음을 알 수 있습니다. 또 평범한 이들을 사랑하며 놀라운 적응력으로 그들과 함께했음도 알게 됩니다. 세상에 알려지지 않은 곳을 찾아다니며 그곳에 관해 글을 씀으로써, 그곳은 널리 알려지고 변화하게 됩니다. 시토회 수도원에서 체험한 고독에 관한 저서, 『제네시 일기』*The Genesee Diary*는 헨리 나웬에게 큰 인기와 명성을 선사하게 됩니다. 은둔과 고독이 오히려 명성을 불러온 셈입니다.

유명 인사의 특성이라는 것은 그가 모든 면에서 뛰어나지는 않았음을 보여 주는 것이기도 합니다. 이는 또한 사람들이 헨리 나웬에게 가지는 의문에 대한 답이 됩니다. 그의 카리스마와 감정, 삶의 태도 등을 설명하기 위해 나는 필요한 심리학 개념과 이론들을 참고하려 합니다.

영원한 소년

여기서 다루고 싶은 주제는, 이미 앞에서 간단히 언급한 바 있는 그의 대학원 시절에 관해서입니다. 일생을 통해 헨리 나웬은 순수한 이상주의자였으며 어린아이와 같은 영리함을 보여 주었습니다. '영리한 어린아이'의 모습은 친구들과 함께 있을 때 더욱 두드러졌습니다. 라르슈 동료 캐시 브루너Kathy Bruner는 말합니다.

그의 마음속에는, 창조적이고 판단하지 않으며 그저 바닷가에서 장난치는 어린아이가 되고픈 소망이 있었습니다. 단순하게 있는 그대로의 모습으로 사랑받고 걱정 없이 살게 되기를(거의 실현되지 못했지만) 간절히 바랐습니다. 그리고 그는 대단히 영리했습니다.[3]

융 학파는 이런 성격을 지닌 사람을 '영원한 소년'이라 칭했습니다. 일생 동안 소년의 영리한 특성을 간직하고 있는 사람을 가리키는 말이기도 합니다.[4] 어린 왕자나 피터 팬처럼 헨리 나웬도 '소년'이었습니다. 주위 사람들을 매혹시켰고 삶의 평범한 규칙과는 무관한 삶을 사는 것처럼 보였습니다. 규칙은 어른들이 만든 것인데 헨리는 어른이 아니었습니다.

헨리가 '어른이 아니었다고' 분명히 말할 수 있을까요? 충분히 그럴 수 있습니다. 60세 생일을 맞아 어릿광대로 분장하기도 했고, 서커스 구경을 간 것도 그 무렵이었습니다. 퍼레이드나 사탕처럼 아이들이 좋아하는 모든 것을 그도 좋아했습니다. 책을 쓸 때도 항상 소년 시절의 경험을 되돌아보았습니다. 늘 참조하는 부분이자 출발점이기 때문입니다. 헨리도 어린아이 같은 자기 자신을 알고 있었습니다. 부모와 문제가 있는 젊은이를 상담하던 중, 불현듯 자신이 그 청년의 할아버지뻘이라는 사실을 깨닫고는 놀라워했습니다. 생일 날 라르슈의 한 장애인이 자기더러 노인이라고 하자 무척 낯설어 하기도 했습니다. 스스로를 마냥 젊은이로 여겼던 그에게는 이런 경우가 드물지 않았습니다.

---

[3] Ford, *Wounded Prophet*, 63.

[4] puer(소년)에 관해서는 Marie-Louise von Franz, *The Problem of the Puer Aeternus*, 3rd ed. (Toronto: Inner City 2000); Jeffrey Satinover, "Puer Aeternus: The Narcissistic Relation to the Self", in Quadrant 13:2 (1980); Ann Yeoman, *Now or Neverland: Peter Pan and the Myth of Eternal Youth* (Toronto: Inner City 1998) 참조.

우리가 헨리 나웬의 '소년다운' 특성을 받아들인다면, 그의 심리에 대한 의문이 상당 부분 풀릴 것입니다. 그 '소년의' 문제가 대학원에서 어떤 어려움으로 나타났는지 이미 보았습니다. 그것은 그의 일생과 직무 전반에 영향을 미치는 중요한 특성이었습니다. 헨리는 인생의 후반기에도 어린이의 시각에서 성숙함과 권위를 이해했습니다. 죽음에 대한 체험을 서술하면서 인용한 글을 살펴봅시다. 군종신부 시절의 모습을 엿볼 수 있습니다.

> … 마치 내가 대위 계급장을 달고 군종신부로 복무할 당시 차고 다녔던 넓은 가죽 벨트와 멜빵들을 벗어 버린 것 같은 기분이 들었습니다. 벨트를 허리에 두르고 멜빵을 가슴과 어깨에 걸침으로써 나는 위세와 권력을 얻었고, 그것을 이용해 사람들을 판단하고 명령을 내렸습니다. 군 시절은 잠깐이었지만 벨트를 완전히 벗어 놓은 적은 없었습니다.[5]

노년의 헨리 나웬이 '소년'의 생각으로 대위 시절을 돌아본 것입니다. 벨트로 인해 얻은 권력, 다른 사람을 판단하고 명령을 내림으로써 맛본 심리적 쾌감을 그는 기억하고 있었습니다. 대위 제복을 착용하고 명령하는 태도를 그는 '소년답게' 비판하고 있습니다. 짧지만 인상적인 이 글은 헨리 나웬의 '소년다운' 생각을 보여 주고 있습니다.

남들의 마음을 끄는 그의 매력은 바로 이 '소년의' 본성 때문입니다. 그 덕분에 언제나 신선한 관점과 새로운 활력으로 낡은 문제에 접근할 수 있었습니다. '소년의' 정신은 변덕스럽지만 진지하기도 합니다. 토마스 무어

---

[5] Henri Nouwen, *Beyond the Mirror* (New York: Crossroad 1990) 53.

Thomas Moore가 말하듯 "'소년'은 나이가 어리다는 것만을 의미하지는 않습니다. 정신과 야망과 숭고한 뜻으로 가득하고, 죽음을 생각하지 않는 젊은이다운 태도를 일컫는 것입니다. 그것은 새 생명을 불러오는 정신"[6]입니다. 그것은 우리 모두가 낡은 관습이나 의혹을 걷어 내고, 새로운 관점에서 앞으로 나아갈 수 있도록 도와줍니다.

헨리 나웬은 그런 사람이었습니다. 그는 모든 상황과 설교와 이야깃거리를 분석하여 영감을 얻고 창조적 방식으로 재구성했습니다. 널리 통용되는 지식에 의지하는 대신, 상황의 본질을 파고들었습니다. 이런 식으로 그는 소년의 특성을 놀라운 수준으로 구체화시켰습니다. 여기에는 단순한 소년의 심리 상태를 뛰어넘어 성장하려는 부단한 노력도 있었으리라 생각됩니다. 소년은 한계를 지니고 있습니다. 아마도 그는 『탕자의 귀향』The Return of the Prodigal Son을 쓸 무렵 크게 성장했을 것입니다. 늙은 아버지가 탕자를 끌어안고 있고, 경멸 어린 눈으로 그들을 바라보고 있는 큰아들의 모습을 담은 렘브란트Rembrandt의 그림을 묵상하면서, 헨리는 거기서 가장 어린 탕자와 자기 자신을 동일시하기 시작합니다.

그러나 묵상이 진전됨에 따라 큰아들에게서도 자신을 발견했고, 궁극적으로는 모든 것을 용서하고 피난처를 제공하며 겉옷으로 감싸 안아 주는 '아버지가 될' 필요가 있음을 깨달았습니다. 아버지다운 태도와 포용력을 받아들이는 것이 그에게는 주요한 성장의 단계이며, 자신의 버팀목이었던 '소년'의 관점에서 벗어나는 출발점이었습니다. 이 문제에 관해 심리적으로 커다란 성장을 보여 준 『탕자의 귀향』은 대단히 설득력 있는 작품이며, 그의 훌륭한 저서 가운데 한 권이라 할 수 있습니다.

---

[6] Thomas Moore, Joan Hanley, *Original Self: Living with Paradox and Originality* (San Francisco: HarperCollins 2000) 29.

MBTI

이제 다른 각도에서 헨리 나웬을 보고자 합니다. 나는 헨리 나웬을 더 잘 이해할 수 있는 유용한 심리학적 지표를 발견했습니다. '마이어 브릭스 유형 지표'Myers-Briggs Type Indicator, 즉 MBTI입니다. 여러분 가운데 상당수는 직업 계발, 회사 경영, 교회 세미나, 피정 등에서 MBTI를 경험해 보았을 것입니다. MBTI는 경제 분야에서, 또 개인의 성장에 관심 있는 사람들 사이에서 널리 사용됩니다. '소년' 이론처럼 MBTI도 융의 연구에 기반을 두고 있으며, 그의 연구 가운데 가장 널리 수용되는 이론입니다.

이 이론에 따르면 정보를 처리하는 방법, 외부 세계를 대하는 태도, 의사 결정 방법 등에 따라 모든 사람을 분류할 수 있습니다. MBTI는 네 쌍의 서로 대조적인 특성을 기본으로 합니다.

태도	내향Introversion	vs.	외향Extroversion
기능	직관INtuition	vs.	감각Sensation
기능	사고Thinking	vs.	감정Feeling
태도	판단Judging	vs.	인식Perceiving

사람은 누구나 이 여덟 가지 특성 모두를 어느 정도씩 가지고 있습니다. 그런데 각각의 대조되는 쌍에서 하나가 다른 하나보다 우세합니다. 이 점에 대해 간단히 설명해 볼까요? 성급한 일반화가 있더라도 이해해 주기 바랍니다.

내향성과 외향성은 널리 통용되는 개념입니다. 내향적인 사람들에게는 어느 정도까지 참된 판단 기준이 그들 내부에 있는가 하는 문제가 중요합니다. 그들은 정보를 받아들여 오랫동안 그것을 숙고하고 소화합니다. 자극에 대한 그들의 반응은 시간이 걸리는 것 같아도 기다릴 만한 가치가 있습니다. 지나치게 많은 정보에 그들은 압도당하기 쉽습니다. 이런 성향과 느린 반응 때문에 그들은 종종 쌀쌀맞게 보이기도 합니다. 반대로 외향적인 사람들은 사교적입니다. 자기가 말하는 내용을 듣고 있을 때라야 그들은 자기가 무슨 생각을 하는지 압니다! 외향적인 사람들은 대화와 상호 작용을 통해 삶을 정리합니다. 그들에게는 비밀이 거의 없으므로 보이는 대로 이해하면 됩니다.

직관형과 감각형도 역시 큰 차이점을 가지고 있습니다. 직관형은 현학적이고 철학적인 사람들입니다. 그들은 개념을 중시하고 미래를 궁금해합니다. 그런 고찰에 몰두함으로써 때때로 그들은 당면한 주위 상황에 대해서는 충분히 인식하지 못합니다. 감각형의 사람들은 사뭇 다릅니다. 그들은 전문 분야에 탁월합니다. 훌륭한 요리사나 운전사, 기술자, 공학자, 건축가가 되는 사람들입니다. 세상을 돌아가게 하는 사람들이지만 지금 여러분이 읽고 있는 이런 책에는 그다지 관심이 없을 것입니다.

사고형과 감정형은 결정을 내리는 방법에 따라 나뉩니다. 사고형은 대개 논리적 과정을 통해 결정을 내리지만 감정형은 내적 감각에 의존합니다. 감정형은 사고형보다 대인 관계가 좋고 이해심이 많은 반면, 사고형은 상황을 평가하고 자기 입장을 명확히 밝히는 데 특히 능합니다.

끝으로, 판단형과 인식형은 정보를 처리하는 방법과 연관됩니다. 판단형의 사람은 깔끔하고 정리 정돈을 좋아하며, 결과를 중시하고, 일을 끝마쳐야만 만족을 얻습니다. 그와 대조적으로 인식형의 사람은 태평스럽고 유연한 태도를 견지합니다. 이들은 느긋한 반면 사물의 진면목을 보지 못하고 결정적 판단의 흐름을 놓칠 수 있습니다.

첫 번째와 네 번째의 특성은 '태도'이고 중간의 두 가지 특성은 '기능'이라는 점을 기억합시다. 이 특성들은 첫 문자로 축약하는데 다만 'N'으로 알려진 직관형Intuition만 둘째 문자로 축약합니다. 여덟 가지 성격 중 어떤 것이 우세한지에 따라 우리는 ISTP나 ESTJ 등과 같이 네 문자로 결합된 열여섯 가지 유형으로 구분됩니다.

오늘날 MBTI는 대단히 널리 알려져 있습니다. 열여섯 유형 각각은 뚜렷한 특징, 즉 같은 유형의 사람들끼리 공통적으로 가지고 있는 아주 유사한 성격을 보여 주고 있습니다. 열여섯 유형은 각각의 특징을 지니고 자신만의 심리 여정을 걷게 됩니다.

지금까지 나는 헨리 나웬이 '소년'이었으며 유명 인사들의 전형적 특징을 지니고 있다고 말했습니다. 이 모두가 헨리를 이해하는 데 도움이 되는 정보들입니다. 더 나아가서는 헨리의 MBTI가 무엇이며 그의 유형에 속하는 유명한 인물이 누가 있는지 알아보겠습니다. 외향성과 내향성을 놓고 보면 헨리는 양쪽 모두에 해당되지만 외향성 쪽에 좀 더 잘 어울립니다. 그는 사람들과 어울려 이야기 나누면서 에너지를 얻습니다. 감각형과 직관형 중에서는 분명 직관형입니다. 사고와 감정의 문제에서는 감정형에 가깝습니다. 스스로 느끼고 다른 이들과 공감하는 바에 관해 그는 많은 책을 썼습니다. 조직화된 네덜란드식 훈육에도 불구하고 판단형 J보다는 창조적으로 사는 인식형 P로 분류되어야 합니다.[7]

마이어 브릭스 유형에 관한 설명은 레노어 톰슨Lenore Thomson이 쓴 『성

---

7 이 장을 끝낼 즈음, 수 모스텔러Sue Mosteller 수녀로부터 헨리는 ENFJ였다는 기별을 받았다. 헨리는 J 성향이 대단히 강했기 때문에 그 결과는 놀라운 것이 아니다. 하지만 나는 그가 다른 환경에서 검사를 받았다면 ENFP로 나왔을 것이라고 믿는다. J 성향이 두드러진 환경에서 활동했기 때문에 참된 P 성향이 가려졌던 것이다. 나는 헨리가 ENFP에 더 가까우며, 그것이 그의 참된 유형이라는 것을 알리고 싶다.

격 유형』*Personality Type*이라는 책을 주로 참고했습니다. 이 책에서 ENFP 유형에 대해 읽으면서 이 저자가 헨리 나웬을 알고 있는 것이 분명하다는 생각이 들었습니다. 물론 그는 자기가 아는 다른 사람을 묘사했을 뿐입니다! 헨리를 염두에 두고 쓴 책이 아닌데도 그의 성격을 너무나 속속들이 보여 주고 있었습니다. 헨리가 ENFP 유형이라면, 그의 카리스마적 성격과 알쏭달쏭하고 모순된 듯 보였던 많은 특징들이 단지 본성의 한 부분이었음을 알게 됩니다. ENFP 유형은 종종 큰 성공을 거두는 한편 단점도 많이 드러내는데, 빌 클린턴이 ENFP입니다. ENFP 유형의 전형적 특징을 가진 인물은 그 밖에도 많이 있습니다.

나웬의 삶이 지닌 심리적 역동성을 진정으로 이해하려면 우리는 MBTI 이론을 조금 더 깊이 살펴보아야 합니다. 가능한 한 짧게 요약하겠습니다. 마이어 브릭스 이론에 따르면 열여섯 개 유형은 대체적으로 각각 자기 유형 안에서 통용되는 네 가지의 친숙한 기능을 가지고 있습니다. 이 기능들을 가장 강한 것부터 약한 것까지 순서대로 나열할 수 있습니다. 강한 기능은 가장 먼저 발달하면서 세상에 대처하기 위한 주된 기능이 됩니다. 예를 들어 오른손잡이나 왼손잡이처럼 지배적이면서도 자연스럽게 우리의 성향으로 자리 잡는 것입니다.

헨리 같은 ENFP 유형에게 가장 자연스러운 기능은 외향적 직관성입니다. 그보다 약한 내향적 기능은 바로 감정입니다. 내향적 감정성은 외향적 직관성을 보조합니다. 유용성과 발달이라는 견지에서 볼 때, 세 번째 기능인 외향적 사고성이 있습니다. 이 세 번째 기능은 때때로 인생의 후반기에 드러날 수 있습니다. 네 번째의 가장 열등한 기능은 거의 드러나지 않을 수도 있는데, ENFP에게는 내향적 감각성이 그것입니다. 어떠한 억압 때문에 자신의 주기능을 사용할 수 없게 되면 열등 기능이 드러나면서 복잡한 결과를 낳게 됩니다. 열등 기능은 우리의 약점이 되기도 합니다. 다음은 헨리 나웬의 ENFP 기능 개요입니다.

주기능	외향적 직관성
부기능	내향적 감정성
3차 기능	외향적 사고성
열등 기능	내향적 감각성

ENFP 유형

헨리 나웬처럼 외향적 직관성이 주기능인 사람들은, 상황을 포괄적으로 한눈에 이해할 수 있습니다. 장차 어떤 일이나 변화가 일어나리라는 것을 금세 파악할 수 있습니다. '직감이 있다'는 말은 이런 유형을 설명하는 데 적절한 표현입니다. 어떤 일의 흐름에 대해 옳든지 그르든지 간에 강한 느낌이 있는 것입니다. 그러나 '직관적'이라는 말이 육감이나 심령의 힘을 가리키지는 않습니다. 레노어 톰슨은 이 점을 잘 설명했습니다.

> 직관적이라는 말이 진정한 ENP 유형에 적용될 때, 대개 촉매나 전달자라는 말이 뒤따라옵니다. 이 유형은 자기 뜻을 납득시키는 '타고난 재능'으로 우리를 놀라게 합니다. 카리스마와 설득력과 매력까지 지닌 ENP들은 다양한 견해를 더욱 넓은 의미로 통합할 수 있으며, 새롭고 탁월한 방법으로 현실을 볼 수 있습니다. 몽상가였던 스티브 잡스Steve Jobs는 해커의 기발한 착상을 애플 컴퓨터에 적용시킨 사람으로, ENP 유형의 훌륭한 전형입니다. 정신, 육체, 우주

의 통합적 관계에 대해 많은 책을 저술한 디파크 초프라Deepak Chopra 박사도 마찬가지입니다.[8]

헨리 나웬에게도 적용되는 설명입니다. 중대한 문제에 직면했을 때, 또 많은 사람이 모인 곳에서, 사안의 핵심을 신속하게 파악하고 흥미 있는 분야에 초점을 맞출 수 있는 헨리의 능력을 이해하는 데 도움이 됩니다. 예일 대학교와 하버드 대학교에서 헨리의 조교로 일했던 피터 웨스켈은 어느 날 헨리가 "빈센트 반 고흐에 관한 책을 몽땅 가져다주시오"라고 한 말을 생생히 기억합니다. 헨리가 그 책들을 모두 읽으려 했다기보다는 마음을 정리하고 집중하는 데 도움을 얻으려 했다고 보는 것이 좋겠습니다. ENFP 유형은, 우선 넓게 본 다음 서서히 정밀하게 초점을 맞추어 가는 카메라 렌즈처럼 활동합니다.

 ENFP 유형이 정밀하게 초점을 맞출 때, 즉 계획이나 사람이나 문제에 상상력을 집중할 때는 놀라울 만큼 폭발적인 열정으로 앞뒤 가리지 않고 완전히 빠져 들게 됩니다. 그 문제와 사람에 몰두하느라 다른 일은 까맣게 잊어버립니다. 헨리 나웬에게는 함께 있는 사람에게 집중할 수 있는 뛰어난 능력이 있었는데, 바로 이런 심리적 근거에서 비롯된 능력입니다. 그는 오로지 그 한 사람에게만 관심을 기울였습니다. 토마스 머튼에서부터 라틴아메리카의 그 누군가에 이르기까지 마찬가지였습니다. 사람들로 북적대는 방에서도 헨리와 대화를 나누는 사람은 자신에게 향하는 그의 관심을 온전히 느낄 수 있었습니다. 타인의 질병이나 곤경, 비극적 상황에 깊이 관여하는 것은 헨리의 성격상 그다지 어려운 일이 아니었습니다. 오히

---

8 Lenore Thomson, *Personality Type: An Owner's Manual* (Boston: Shambhala 1998) 199-200.

려 자기 자신과 다른 모습으로 행동하기가 더 어려웠을 것입니다. 이것이 그의 커다란 매력 가운데 하나입니다. 헨리의 특별한 보살핌을 통해 많은 사람이 변화를 체험했습니다. 실제로 헨리는 그렇게 다른 사람들을 돌보았습니다. 방송인 프레드 로저스Fred Rogers는 헨리에 대해 이렇게 회상하고 있습니다.

> 헨리가 세계 각지의 친구들과 통화하는 것으로 미루어 보자면, 전화 요금이 꽤 나왔을 것 같습니다. 그는 "Hello, Fred. This is Henri"(안녕하세요, 프레드 씨. 저 헨리입니다) 하며 통화를 시작했지만 말이 너무 빨라서 늘 이렇게 들렸습니다. "Hello, Fred … Henri"(안녕, 프레드 … 나, 헨리). 어디에 있냐고 물으면 대답은 토론토, 네덜란드, 러시아, 캘리포니아, 영국, 산타페 등 다양했지만 그는 곧바로 "어떻게 지냅니까?"라며 본론으로 들어갔습니다. 내가 잘 지내는지 항상 궁금해했습니다. 고등학교 시절부터 가장 친한 내 친구 짐이 죽어 갈 때도 헨리는 변함없이 "짐도 잘 있지요?" 하고 그의 안부를 물었습니다. 짐과 그의 아내와 직접 통화하기도 했습니다. 그는 진심으로 우리의 안부를 궁금해했고, 가장 본질적인 방법으로 우리 모두와 결합하기를 원했습니다.[9]

이런 성향과 더불어 헨리 나웬과 같은 **ENFP** 유형은 몽상적 이상주의자로 깊은 인상을 남기기도 합니다. 이들은 자기 말에 완전히 자신만만하며 그것을 확신하고 있는 것 같습니다. 탁월한 식견으로 다른 이들을 설득하기

---

[9] Fred Rogers, "In the Journey, We Need Friends", in Christopher De Vinck, ed., *Nouwen Then: Personal Reflections on Henri* (Grand Rapids, Mich.: Zondervan 1999) 77.

도 합니다. 복음 전도사나 발명가가 되기에 적합한 사람들입니다. 그런데 열정 어린 관심이 활활 타오르다가는 금세 사그라지는 것이 약점입니다. 이런 종류의 집중과 몽상적 확신은 그리 오래 지속되지 못합니다. 청중들이 자기 강연을 모두 알아들은 듯하거나 그 자신에게 새로운 관심사가 생기면, 이제까지의 것에는 흥미를 잃고 다른 데로 눈을 돌리거나 슬럼프에 빠지기도 합니다. 이 점은 헨리 나웬에게도 매우 중요합니다. 이따금씩 그를 괴롭히던 우울증도 이런 배경에서 설명할 수 있을 것입니다. 헨리 나웬은 종종 심한 감정의 부침을 보였기 때문에, 이 책을 준비하면서 그의 조울증 여부를 많이 생각해 보았습니다. 롤러코스터처럼 급변하는 그의 감정은, 어쩌면 이 세상에서 자신만의 길을 가려는 직관에 충실했기 때문일지도 모른다는 결론을 내렸습니다.

직관에 의존할 때 생기는 또 다른 어려움은 인내력과 지구력 부족입니다. 나는 다른 책에서도 이 점을 헨리의 문제로 다루었습니다. 거기서 나는 "헨리는 일의 세부 사항과 마무리를 다른 사람에게 맡기곤 했습니다. 그는 우리가 진정으로 복음 정신을 삶으로써 해방되도록 특별한 기회를 마련해 주었습니다"[10]라고 썼습니다. '세부 사항과 마무리를 다른 사람에게 맡기는 것'은 틀림없는 헨리의 모습이었습니다. ENFP 유형에 대한 톰슨의 설명에도 비슷한 묘사가 나옵니다.

> 이 유형은 매우 유연하고 상황의 본질을 즉각 파악할 수 있기 때문에 마음 가는 것에 대해서는 분명한 태도를 보입니다. 그러나 노력의 결실을 볼 만큼 충분한 시간을 할애하지는 못합니다. 결국 그들

---

10 Michael O'Laughlin, "Flying with the Dutchman: A Review of Two Recent Books about Henri Nouwen", *Christian Spirituality Review* 7:2 (1999) 25.

은 끝까지 세심하게 챙겨 주는 조력자에게 의존합니다. 그들의 조력자는 수확을 거두어 주고 마무리까지 지어 줍니다.[11]

헨리 나웬의 직관은 세상에 대해 독특하고 예술적이며 영적인 식견을 길러 주었을 뿐만 아니라 유명한 그의 불안감에도 톡톡히 한몫을 했습니다. 조화롭지 못한 생애를 설명하는 데도 도움이 됩니다. ENFP 유형은 사물에 대해 직관적 이미지를 쉽게 형성하는 반면, 깊은 지식과 판단력으로 발전시키지는 못합니다. 이것은 삶이 무의미하게 느껴지는 순간 불안감으로 드러납니다. 또 가까운 사람에게 지나치게 기대하거나 관계의 지지부진함에 분통을 터뜨리기도 합니다. ENFP 유형은 자기에게 필요한 것을 남들이 이미 알고 있으리라 여기면서, 종종 자신과 남들에게 지나치게 요구하기도 합니다. 톰슨은 또 말합니다.

> ENP 유형은 스스로를 과대평가하고 있다는 것을 깨닫지 못합니다. 충분한 숙고 없이 자신의 훌륭한 계획은 받아들여져야 한다고 믿습니다. 단편적 사실에서 결론을 도출하고 나머지는 상상에 맡기는 셈입니다. 심지어 그들은 마감 시간이 지났는데도 과제를 시작조차 하지 않기도 합니다. 자기가 최선이라고 생각한 계획이 현실 세계와 부딪혀 문제를 일으키면 당황하고 좌절합니다. 인생이 부당하고 불공평하다고 여기게 됩니다. 이 유형은 자신이 지키기 힘든 약속을 남들이 요구할 때 크게 상처받을 수 있습니다. 어쨌든 그들은 본성이 착한 사람들입니다. 환경에 따라 변할 뿐입니다. 다

---

11 Thomson, *Personality Type*, 204.

른 사람의 동의 없이는 행동하지 않는 사람도 있습니다. 불법행위를 용인하는 사람 역시 나쁜 의도를 지닌 것으로 보기 때문에, 그들은 그릇된 상황에 동의하지 않습니다. 그리고 스스로의 처신이 옳았다고 자부합니다.

직관에 지나치게 의존하다 보면 진퇴양난에 빠지기 쉽습니다. 자신의 한계를 인정하기 싫더라도 남들의 한계에는 의존하지 않을 수 없습니다. 살아가다가 직관이 다룰 수 없는 문제에 직면하게 되면 그들의 정신은 돌파구를 찾고자 스스로에게 압력을 가합니다. 그리고 자신의 열등 기능인 내향적 감각성이 예기치 않게 움직이는 것을 느끼게 됩니다.[12]

앞에서 말했듯이 열등 기능은 우리의 가장 약한 부분이자 납득하기 힘든 부분이기도 합니다. 성인聖人다운 행동과 업적에도 불구하고 헨리는 확실히 약점을 가지고 있었습니다. 떨쳐 버리기 힘든 분노와 시기의 마음도 있었습니다. 그의 책에는 이와 관련된 의미심장한 구절들이 있는데, 그 스스로 자신의 분노와 시기, 실행력 부족 등을 인정하고 있습니다. 세상에서 성공을 이루었고 자기 마음을 쇄신하는 데도 성공한 그가 이런 문제를 내면에 지니고 있었다는 사실이 이상하기도 합니다. 말년의 글을 보면 더욱 놀라게 됩니다.

나의 슬픔은 나의 것이고 결코 슬픔으로부터 자유롭지 못하리라는 사실을 알고 있습니다. 그 슬픔은 깊고 오래된 것입니다. 긍정적이

---

12 같은 책, 205-206.

고 낙관적인 생각으로도 그 슬픔은 사라질 수 없음을 잘 알고 있습니다. 나를 사랑해 줄 누군가를 찾아 헤매던 어린 시절의 슬픔이 여전히 내 마음속에 남아 있습니다. 존재 의미를 찾으려 방황하던 청년 시절의 슬픔도 그대로 내 안에 존재합니다. 어머니와 가족들, 친구들의 죽음은 여전히 나를 슬프게 합니다. 그러나 무엇보다도 스스로 원하던 그런 사람이 되지 못했다는 사실, 하느님께 그렇게 열심히 기도드렸건만 내 가장 큰 소망을 들어주지 않으셨다는 사실에서 나는 큰 슬픔을 느낍니다.[13]

담담한 고백의 어조로 시작하여 점차 분노와 자기 연민이 드러나기 시작합니다. 그렇게 훌륭한 삶을 산 그가, 스스로 원하던 사람이 되지 못했다고, 또 가장 간절했던 소망이 이루어지지 않았다고 말하고 있지 않습니까? '그렇게도 열심히 기도드렸던' 하느님에게 원망과 분노를 표출합니다. 여기서 우리는 쉽게 분노하고, 용서하기 힘들어하며, 도량이 좁은 헨리 나웬의 모습을 보게 됩니다. 또 그가 문제를 다른 사람에게 투사하는 경향을 가지고 있음을 봅니다. 실상 하느님은 아무 책임이 없습니다. 이 모두가 열등 기능의 모습입니다.

열등 기능인 내향적 감각성은 자기 본위에다 회의적이며 약간 피해망상적이기도 합니다. 원시적이고 유아적인 성향이 그대로 남아 있는 형태입니다. 이 기능이 발휘되면 외부로 향하는 투사가 뒤따릅니다. 그러면 ENFP 유형은 문제가 그들 자신에게 있는 것이 아니라 외부에 있다고 생각하기 쉽습니다. 나를 초대하지 않은 친구 탓이고, 비협조적인 동료 탓이

---

13 Henri Nouwen, *Can You Drink the Cup?* (Notre Dame, Ind.: Ave Maria 1996) 33-34.

고, 원고를 수정하거나 너무 요구가 많은 편집자 탓입니다. 여느 ENFP 유형들처럼 헨리도 다른 이들의 지지와 동의가 필요했습니다. 이것이 충족되지 않으면 그는 쉽게 화를 내고 냉담해집니다. 이런 문제들이 내향적 감각성에서 비롯된 것입니다. 톰슨은 설명합니다.

> ENP 유형은 내향적 감각성의 자극을 그들 자신의 것으로 여기지 않습니다. 다른 이들이 충분히 이해하고 도와주지 않으면서 자신의 힘과 가능성을 의심한다고 생각합니다. ENP 유형의 동기와 행위에 의문을 가지는 사람들은 그들을 통제하고 지배하거나 그들의 의견을 묵살하면서 응석받이로 취급합니다.
>
> 이런 상황에서 ENP 유형은 일반적으로 한계를 극복함으로써 자신이 파악한 문제에 반응합니다. 무조건적으로 지지와 사랑을 강요하면서 사람들의 한계를 시험하기도 합니다. 그들에게 실제로 필요한 것은 부기능인 내향적 감정성을 체험하는 것입니다. ENP 유형이 자신이 만든 상황에 대해 개인적으로 책임감을 느낄 때, 그들은 스스로 한계를 인정하며 남들의 동의나 반응에는 그다지 의존하지 않게 됩니다.[14]

마지막 문장이 중요합니다. 톰슨의 견해를 통해, 헨리 나웬을 비롯한 ENFP 유형의 심리 여정을 이해할 수 있습니다. 남들의 이해와 지지를 얻는 데 있어 난관에 부닥치면 ENFP 유형은 부기능인 내향적 감정성에 의존하는 것이 확실합니다. 그들은 스스로의 삶을 올바르게 인도하는 내적

---

[14] Thomson, *Personality Type*, 206.

가치를 재발견해야 합니다. 헨리 나웬은 부정적 감정과 실망으로 오랫동안 고통받았습니다. 아버지는 그의 책을 전혀 읽지 않았습니다. 친구들은 그의 충고를 받아들이지 않았고, 같이 여행 가자는 제안을 거절했습니다. 가장 친한 벗 네이선Nathan은 친밀하게 다가가는 헨리와 거리를 두려 하기도 했습니다. 열거하자면 한도 끝도 없습니다.

라르슈의 '새벽'에서 네이선과 다툰 뒤, 나웬은 심리적으로 급격히 무너지게 됩니다. 그는 오랫동안 심리검사와 치료를 받아야 했습니다. 그리고 내면으로 눈길을 돌림으로써 시련에서 벗어나 더욱 깊은 자아로, 스스로 택한 진실을 향해 나아갔습니다. 이것이 바로 톰슨이 말한 내용입니다. 자신을 지지하건 반대하건 간에 그는 더 이상 남들의 말에 신경 쓰지 않고 스스로 내면의 소리를 듣게 되었습니다. 그리고 마침내 『마음에서 들려오는 사랑의 소리』The Inner Voice of Love라는 제목으로, 자신의 회복에 관한 비밀 일기를 출판했습니다. 자신의 내면에 초점을 맞추는 것이야말로 가장 중요한 본질이라고 스스로를 타이르는 한 단락을 소개합니다.

> 너 자신에게서 하느님의 선물을 발견하게 되면, 온전히 네 것으로 만들어 다른 이들에게 빼앗기지 말아야 한다. 네 마음을 알지 못하는 사람들은 하느님과 네가 소중히 여기는 네 자아의 가치를 알지 못한다. 너의 진정한 소망에 응답할 힘이 네 안에 있다는 것을 그들은 모를 수도 있다. 그럴수록 내면의 소리에 귀를 기울이고 심원深遠한 부르심에 응답해야 한다.
>
> 그런데 너에게는 다른 이들의 영향력에 쉽게 굴복하는 나약한 면이 있다. 누군가가 네 행동의 동기를 물어 오면 너는 스스로를 의심하기 시작한다. 그러고는 내면의 소리에 귀 기울이기보다는

그 사람의 주장에 동의하고 만다. 그렇게 너는 수동적으로 다른 사람이 너를 더 잘 안다고 생각하게 되는 것이다.

더욱더 너는 내적 자아의 소리에 귀를 기울여야 한다.

심리학에서 보편적으로 조언하는 내용입니다. 외부의 압력, 권위자들, 친구와 동료로부터 놓여나야 하는 힘겨운 과정이 계속되었습니다. 스스로의 가치를 깨닫도록 시선을 내면으로 돌려야 했습니다. 헨리는 예수를 사랑하면서 자신도 그분처럼 하느님의 사랑을 받고 있다는 확신을 얻음으로써 진리를 발견했습니다. 하느님의 사랑을 전하는 예언자로 부름 받아 그 직무에 충실했기에 가능한 변화였습니다.

나는 이번 장에서 MBTI에 크게 의존하고 있습니다. 이를 통해 헨리 나웬의 장점과 약점, 통찰력과 취약성 같은 복합적 면을 이해하는 데 많은 도움을 받았습니다. 퍽 알쏭달쏭한 그의 성격은 ENFP 유형으로 설명되었습니다. 그는 자신이 생각했던 것보다는 아마도 심리적으로 건강한 상태였을 것입니다. 노이로제 같은 문제가 있었던 것이 아니라 진정한 자기 모습대로 살고자 했기 때문에 근심과 불안으로 고통받은 것입니다. ENFP 유형은 전체의 약 10% 정도이고, 헨리는 그 특성이 잘 드러나는 사람이었습니다. 아니, 약간 더 두드러졌을 따름입니다!

여기서 잠깐 영적 관점으로 살펴볼까요? 2장 도입부에서 말했듯이 우리가 단지 헨리 나웬의 행동을 모방하는 것은 좋은 방법이 아닙니다. 분명한 이유가 있습니다. 헨리 나웬의 매력, 통찰력, 열정, 슬픔 들은 ENFP의 특성에서 비롯되었기 때문입니다. ENFP 유형의 특성이 강했기 때문에 그는 그토록 그리스도를 닮은 삶을 살 수 있었는지도 모르겠습니다. 복음을 전하기 위해 기꺼이 낯선 곳으로 떠나고, 곤궁한 사람에게 뜨거운 관심을 보였습니다. 언제나 신선한 혜안으로 규칙에 매이지 않고 창조적으로 움직일 수 있었던 것도 바로 ENFP 유형의 특징을 지니고 있었기 때문입니다.

MBTI의 관점에서 살펴보면, 그가 감당해야 했던 유혹과 필요한 영성, 심리적 성장 방향도 발견할 수 있습니다. 그는 자신의 부기능(내향적 감정성)과 3차 기능(외향적 사고성)을 발달시켜야 했습니다. 그가 자신의 내적 가치를 발견하고 하느님과 만날 수 있었던 것은 내향적 감정성을 통해서였습니다. 일단 거기에 도달하자 그는 흔들리지 않는 진정한 영감을 얻게 됩니다. 헨리 나웬은 자신의 길을 걸어갔으며 우리 각자의 여정에 귀감이 되고 있습니다. 자신의 길을 가는 것, 이것이 우리가 그의 발자취를 따르는 가장 바람직한 방법입니다.

부끄러움

헨리 나웬의 심리 문제를 다루면서 반드시 짚고 넘어가야 할 점은, 그가 안고 있던 불안의 문제입니다. 마음의 어두운 면도 살펴야 균형 잡힌 평가가 이루어질 것입니다. 이따금씩 회의와 절망에 사로잡히고, 자신이 버림받으리라는 근거 없는 두려움, 심지어 자기 장례식에 아무도 오지 않을지 모른다는 두려움 때문에 무기력해져야 했던 까닭은 무엇일까요?

그를 괴롭힌 모든 감정은 부끄러움(수치심)에서 비롯되었다고 나는 생각합니다. 심리학에서 부끄러움은 어느 정도 죄의식과 비슷합니다. 죄의식이 무언가 나쁜 일을 했을 때 느껴지는 감정이라면, 부끄러움은 자기 자신을 나쁘게 여기는 감정입니다. 심리학자들은 부끄러운 감정이 크게 자리한 곳에는 그 감정을 서서히 주입시켜 온 존재, 가령 부모와 같은 누군가가 존재한다고 말합니다. 그가 바로 '수치심을 주는 사람'입니다.

헨리에게는 바로 아버지가 그랬습니다. 지나치게 엄했던 아버지 로렌트 나웬은 아들의 감수성을 억압함으로써 무의식적으로 아들에게 수치심을 주입시켰던 것입니다. 아버지는 헨리에게 감탄하거나 그를 칭찬한 적이 한 번도 없습니다. 변호사이자 교수였던 아버지는 아들에게 건설적 영향을 미침과 동시에 좌절과 분노를 심어 주었습니다. 1984년에 헨리는 아버지에 대한 분노를 공개적으로 표현한 바 있습니다. "당신은 '실패자'로 간주한 사람들을 일체 동정하지 않았습니다. 약자는 늘 당신의 관심권 밖이었습니다."[15] 자신을 그런 실패자들 가운데 하나로 여겼던 헨리는 결코 아버지의 눈에 들지 못할 것이라고 생각했습니다.

그러나 이런 감정이 끝까지 지속된 것은 아니었습니다. 말년에 헨리는 아버지와 화해하기를 간절히 원했습니다. 그러면서도 아버지를 기쁘게 해 드린다거나 깊은 대화를 나누는 것은 불가능했습니다. 말년에도 헨리가 나를 비롯한 친구들에게 아버지에 대한 불평을 토로하던 모습이 떠오릅니다. 아버지가 자신을 이해하거나 지지하지 않으면서 오로지 드러난 결과만 중시했다는 것입니다.

아버지에 관해 이런 이야기도 했습니다. 그가 라르슈에 간 이유를 아버지는 결코 이해하지 못했다는 것입니다. "알다시피 아버지의 존경과 감탄을 자아낼 수 있는 사람이란 완벽한 논쟁을 벌일 수 있는 대단한 재치와 지식을 가진 사람뿐입니다." 이것이 아버지의 방식이라며, 헨리는 분노하는 기색도 없이 담담하게 말했습니다. 로렌트 나웬은 화술이 좋고 토론에 능한 사람을 높이 평가했습니다. 물론 라르슈 사람들과는 거리가 먼 얘기였습니다. 헨리의 뛰어난 언변으로도 아버지를 설득할 수는 없었습니다.

---

15 Henri Nouwen, *In Memoriam* (Notre Dame, Ind.: Ave Maria 1980) 16.

헨리의 말을 들은 이들은 로렌트 나웬을 비정하고 병적이며 자아도취에 빠진 사람으로 생각했습니다. 그런데 헨리 나웬 역시도, 앨리스 밀러Alice Miller나 엘런 골롬Elan Golomb의 책[16]에서 볼 수 있는, 자아도취에 빠진 어른 아이의 전형적 특징을 보여 주고 있는 것이 사실입니다. 자아도취에 빠진 어른 아이들은 자신의 정체성과 가치를 자각하는 데 문제가 있습니다. 이것이 헨리의 수치심을 이해하는 열쇠가 될까요? 그럴 수 있다고 봅니다.

수치심에 관한 다른 연유도 있습니다. 아버지의 이름을 물려받은, 헨리의 동생 로렌트 주니어로부터 나는 많은 도움을 받았습니다. 그는 누구보다도 가족의 속사정을 잘 알고 그 문제에 대해 깊이 생각한 사람입니다.

그는 부모와 형 모두가 세상을 떠난 지금까지도 여전히 불편한 심정을 간직하고 있습니다. 내게 보낸 편지에서 그는 이렇게 적고 있습니다. "가족 관계는 나날이 상투적이고 진부한 것으로 변해 갔습니다. 서로 간의 의존은 사라졌습니다. 64년간 견고하게 흑과 백으로 분리되어 온 관계였습니다. 세월이 갈수록 아버지는 더욱더 냉담하고 이성적이며 야심적인 강경파로, 어머니는 성인의 신심을 지닌 사람으로 비춰졌습니다." 틀에 박힌 진부함이 가족 구성원 전체에게 영향을 미쳤음을 로렌트 주니어는 인정합니다. 다른 형제자매인 폴과 로리언도 비슷하게 표현한 바 있고, 헨리의 회상도 크게 다르지 않았습니다.

그러나 로렌트 주니어는 신중하고 중립적인 표현으로, 가족의 모습을 지나치게 단순화하거나 왜곡하지 않으려 노력합니다. 자료들을 분석해 보건대, 헨리의 아버지 로렌트는 남들에 대해서보다는 자신의 문제에 더 관

---

16 Alice Miller, *The Drama of the Gifted Child* (New York: Basic Books 1981); Elan Golomb, *Trapped in the Mirror: Adult Children of Narcissists in Their Struggle for Self* (New York: William Morrow 1992).

심 있고 정열적인 사람이었던 것 같습니다. 그렇다고 해서 자기도취에 빠진 외골수만은 아니었을 겁니다. 이것이 많은 아버지의 모습입니다.

한편 형제들은 헨리 나웬과는 다른 관점에서 아버지를 보았을 수 있습니다. 헨리의 수치심, 의심하고 불신하는 ENFP적 경향이 현실에 대한 관점에 영향을 미치고 왜곡시켰음 또한 명심해야 합니다. 사실 과연 그가 아버지를 제대로 파악할 수 있었을지 미심쩍기도 합니다. 아버지에 대한 분노와 실망의 상당 부분이 어쩌면 헨리 자신의 예민한 감수성과, 친구와 가족에 대한 높은 기대치 때문이 아닌가 하는 생각이 듭니다.

부끄러움은 자기 자신과 그 주변에서 일어나는 사건에 대한 개인의 감수성에 뿌리를 둔 신비로운 감정입니다. 헨리는 수치심의 경향을 일찍부터 가지고 있었습니다. 설상가상으로 그는 수치심과 죄의식을 적극적으로 조장하는 종교적 문화에서 성장했습니다. 유년기와 청년기에 매주마다 고해성사와 양심 성찰을 하면서, 헨리는 자기 자신을 결점투성이에다 사랑받을 만한 가치가 없는 존재로 여기게 됩니다.

감수성이 예민하고 자기 신뢰가 약한 헨리 나웬은 점차 자신의 동성애적 성향을 깨닫기 시작합니다. 그리고 더욱 절망에 빠져 듭니다. 지난 10년간 네덜란드에서 동성애자를 바라보는 사회적 시각은 크게 달라졌지만 헨리가 살아 있을 때만 해도 사정은 달랐습니다. 1973년까지 미국에서 동성애는 공식적으로 병이나 장애로 취급당했습니다.[17] 아직도 가톨릭교회에는 그런 시각이 남아 있습니다.[18] 1950년대 무렵까지도 동성애는 두려

---

[17] J. Michael Bailey, *The Man Who Would Be Queen: The Science of Gender-Bending and Transsexualism* (Washington, D.C.: Joseph Henry 2003) 참조.

[18] Jeffrey Satinover, *Homosexuality and the Politics of Truth* (Grand Rapids, Mich.: Baker 1996) 참조.

움의 대상, 혐오스러운 정신병이었습니다. 반은 죄악이고 반은 병이었던 것입니다. 모욕의 의도가 아니고는 아무도 동성애에 대해 말하지 않았습니다. 헨리의 가족도 헨리가 죽을 때까지 그의 성적性的 경향을 입에 올리지 않았습니다. 젊은 시절에 헨리는 이 때문에 다양한 교류를 갖지 못했고, 이것은 고통스러운 비밀이었습니다. 자신이 다른 사람과 같지 않다는 진실을 감히 드러낼 수 없음을 그는 알고 있었습니다.

헨리의 동성애적 죄의식은 성장 과정에서 수치심의 원인이자 아버지와의 긴장을 악화시키는 빌미가 되었을 것입니다. 사춘기의 정체성에 대한 자각은 절망 그 자체였을 것입니다. 그런데 헨리의 수치심은 좀 더 근본적인 뿌리를 가지고 있었습니다. 그에게는 선천적 성향과 유아기의 트라우마가 있었습니다. 성 정체성이나 부정적 아버지상만이 전적으로 그를 지배했다고 볼 수 없는 이유입니다. 헨리의 친구였던 심리학자 피터 나우스는 이렇게 말합니다.

> 내가 살펴본 바로, 헨리의 경우에서 근본 문제는 … 뿌리 깊은 불안감입니다. 자신의 삶에서 매우 중요한 사람들을 포함하여 주위 사람들과 단절되어 있다는 느낌이 그것입니다. 그 불안감의 원인이 무엇일까 자주 생각해 보았지만 나로서는 납득이 가는 해답을 구할 수 없었습니다. 다만 아주 먼 과거에서 그 해답을 찾을 수 있을 것으로 추측할 따름입니다.[19]

다른 곳에서는 또 이렇게 말합니다.

---

19 Peter Naus, "A Man of Creative Contradictions", in Beth Porter, ed., *Befriending Life: Encounters with Henri Nouwen* (New York: Doubleday 2001) 85.

헨리는 항상 애정을 갈구하고 있는 듯이 보였습니다. 남들의 인정과 사랑을 그 스스로 확신하지 못했기에 결코 완전한 의미에서의 사랑을 받지 못했습니다. 유아기에 어머니와의 애정 어린 관계는 대단히 중요한데, 헨리의 경우 그것이 깨어졌던 것 같습니다. 추측해 보건대 어떤 이유에선지 헨리는 여느 아이들보다 절실히 안정과 사랑을 갈구했던 것 같습니다. 부모로서도 어찌할 수 없는 불안과 위협이 존재했던 것이 분명합니다.[20]

헨리와 세상과의 관계에는 근본적 불균형이 있었을 것으로 피터 나우스는 짐작합니다. 그 점에는 나도 동의하는 바입니다. 애초부터 헨리는 관심과 지지를 유난히 갈구하는 ENFP의 특성이 두드러졌고, 이는 또한 수치심, 버림받을지 모른다는 불안감으로 이어졌습니다. 심리적으로 뿌리 깊은 수치심이었는데, 그는 친구와 가족, 특히 부모를 통해 위로와 안정을 구하려 했습니다. 그는 이 점을 『여기 지금』*Here and Now*에서 넌지시 표현합니다.

> 어린아이였을 때 나는 아버지와 어머니에게 끊임없이 물어보았습니다. "나를 사랑하세요?" 너무나 자주 그리고 끈질기게 물었기 때문에 그들은 짜증스러워했습니다. 사랑한다고 수없이 대답해 주었지만 나는 결코 만족하지 못해서 묻고 또 물었습니다.

책 뒷부분에서 헨리는 이 물음을 죽음과 연결시켰습니다. 인생 후반기에도 이 문제는 그에게 여전했던 것 같습니다. 수치심과 자신이 무가치하다

---

20 Ford, *Wounded Prophet*, 84.

는 느낌은 만 18개월에서 3세까지의 시기에 형성된다고 합니다.[21] 참으로 이른 시기에 형성되는 근본 문제인 것입니다.

나는 아버지 때문에 헨리가 느낀 좌절감의 대부분이 실은 아버지 때문이 아니라, 아주 어릴 적에 체험한 수치심과 불안감 때문이 아닌가 생각합니다. 매우 예민한 ENFP 어린이였던 헨리의 근심을 달래 줄 만한 충분한 지지가 없었던 것입니다. 다른 형제들에게는 그런 문제가 없었습니다. 오직 헨리만 사람들과의 관계에 지나치게 신경을 썼습니다. 아버지 로렌트에게 바란 것도 그런 깊은 사랑과 지지였는데 아버지가 늘 그를 만족시키지는 못했던 것 같습니다. 로렌트 주니어가 내게 보낸 편지의 일부입니다.

> 형(헨리)이 스스로 느낀 것 이상으로 아버지는 형을 받아들여 주셨다고 나는 생각합니다. 그런데 아버지 식대로 받아들였습니다. 헨리는 다른 누군가의 깊은 내면을 함께하고 싶은, 이루기 힘든 소망을 품고 있었습니다. 그는 아버지의 마음을 온전히 얻고 싶었던 것입니다. 이따금 헨리가 우리 집을 방문하면, 우리는 이러한 문제로 종종 부딪쳤음을 고백합니다. 나 스스로 최선이라고 생각하는 방식대로 내 삶을 꾸려 가고 싶다고 말하면, 헨리는 왜 자기 뜻대로 따라 줄 수 없는지를 좀처럼 이해하지 못했습니다.

헨리 나웬의 불안감에 대해 장황하게 설명했습니다. 그에 대한 영적 평가의 기초라고 생각했기 때문입니다. 헨리를 잘 아는 사람들은, 몇몇 경우를

---

21 Erik Erikson, *Childhood and Society* (New York: Norton 1963); *Identity: Youth and Crisis* (New York: Norton 1968); George Vaillant, *The Wisdom of the Ego* (Cambridge, Mass.: Harvard University 1993) 144-145.

제외하고는 그와 함께 즐거운 시간을 보내는 데 아무런 문제가 없었다고 말합니다. 함께 있는 동안에도 이따금씩 헨리는 바보 같은 불안감과 거절당할지 모른다는 두려움을 표출하곤 했습니다. 세상에 그토록 많은 것을 내주었고 또 많은 것을 받은 사람이 그런 불안감을 안고 있으리라고 우리가 어찌 상상이나 했을까요? 상처 입은 치유자 헨리 나웬은 그렇게 큰 어려움을 안고도 세상에 커다란 선물을 주었습니다. 이 점에서 그는 같은 네덜란드 사람인 빈센트 반 고흐와 비슷합니다. 헨리 나웬의 문제로부터 우리는 많은 도움을 받을 수 있습니다. 예민한 감수성과 상처 입은 마음을 통해 그는 영적으로 가난한 모든 이와 일치를 이룰 수 있었습니다.

헨리의 장애를 통해서, 하느님은 누구든지 쓰신다는 점을 우리는 알게 됩니다. 사실 하느님께서 선택하시는 어떤 사람들은 그들이 지닌 약점 때문에 복음 선포에 더욱 적합합니다. 성 바오로는 이 문제를 자주 언급했습니다. 서간에서 바오로는 하느님께서 이 세상의 강한 것을 부끄럽게 하시려고 약한 것을 택하시고, 우리를 그리스도 안에서 약하게 만드심으로써 우리는 오히려 강해진다고 말합니다(1코린 1,27; 2코린 13,4; 12,10 참조). 헨리 나웬도 바오로처럼 자기 문제점과 약점을 받아들이고, 그 속에서 하느님의 존재와 그분의 의도를 읽는 법을 배웠습니다. 그는 자신의 한계를 인정하고 받아들이면서, 나아가 친구로 삼는 능력까지 얻게 되었습니다.

약한 사람

헨리는 자신의 약점을 다루고 있는 이 장을 어떻게 생각할지 궁금합니다. 아마도 불편한 마음이 들 것입니다. 그럼에도 불구하고 그의 삶에서 알쏭달쏭한 부분을 더 살펴보고 싶습니다. 그를 간단히 특징지어 어떤 범주에 집어넣기란 쉽지 않고, 또 내 생각이 모두 옳은 것은 아닐지도 모릅니다. 하지만 아마도 그는 자신을 이해하려는 노력과 자신의 민감한 부분에 관심 보인 것을 환영할 것입니다. 그는 글과 삶을 통해 예수를 따랐고, 심지어 다른 사람들이 보고 배우도록 '자기 생명을 내주려'고도 했습니다.

> 선한 목자로서 우리는 백성들을 위해 생명을 내주도록 부름을 받았습니다. 이렇게 생명을 내주는 것은 특별한 상황에서 다른 사람을 위해 죽는다는 의미입니다. 그리고 그것은 우선, 내 삶을 다른 사람들이 새로운 생명의 원천으로 이용할 수 있게 만든다는 의미이기도 합니다. 우리가 다른 사람에게 줄 수 있는 가장 커다란 선물 가운데 하나는 우리 자신입니다.[22]

헨리의 특별한 선물을 이해하려면 그가 우리에게 남겨 준 유산 안에서 살아야 합니다. 그는 우리에게 더욱 온전히 자기 자신이 되고, 진실한 느낌과 실패를 바라봄으로써 더욱 거룩해지라고 가르칩니다. 그는 복잡한 인간이지만 그가 알려 주는 '우리에 대한 하느님 사랑의 메시지'는 단순합니다. 헨리같이 복잡한 사람이 그런 단순한 메시지를 통해 많은 이에게 감동을 줄 수 있었던 것은, 헨리의 삶 자체가 하느님께서 우리 가운데 약한 사람들을 어떻게 대하시고 쓰시는지에 대한 좋은 본보기이기 때문입니다.

---

22 Henri Nouwen, *Bread for the Journey: A Daybook of Wisdom and Faith* (HarperSanFrancisco 1997) April 14.

3
학자? 예술가!

주님의 아름다우심을 우러러

지금까지 헨리 나웬의 심리를 깊이 있게 살펴보면서, 그의 모호하고도 흥미로운 성격을 잘 설명해 주는 개념들을 발견했습니다. 그리고 더 깊이 다가가기 위해 그의 신학 접근법을 알아보려 합니다. 헨리는 자신의 네덜란드적 배경의 영향이나 심리적 혼란을 몰랐고, 자기에게 특별한 신학적 접근법이 있다는 것도 의식하지 못했습니다. 그러나 그가 주로 사용한 양식이나 접근법이 분명 있거니와, 그것을 이해하면 배울 것이 참 많습니다.

헨리 나웬의 정신과 메시지를 대할 때마다 탁월한 진정성과 독창성에 놀라지 않을 수 없습니다. 그는 쉬운 주제의 단순한 대화 속에서도 새로운 영성을 만들어 냈습니다. 많은 이가 그를 전통주의자로 여겼지만, 헨리 나웬은 자기가 다루는 주제마다 새롭고 높은 수준으로 변화시켰습니다. 그의 책과 편지들은 자유와 독창성으로 빛납니다.

이 점은 퍽 중요합니다. 교회 안에서 헨리 나웬은 소위 '예술적 파격'이라 불릴 만한 비범한 창조성을 보여 줍니다. 그는 예술가가 아니었지만 나는 일부러 '예술적'이라는 말을 사용했습니다. 신학과 삶에 대한 그의 접근법에는 강한 예술적 요소가 들어 있기 때문입니다.

그중 한 예로, 헨리 나웬은 예술가와 예술 작품에 깊은 동질감을 느끼고 있었습니다. 그림이나 여타 작품을 공부하고 감상하는 데 많은 시간을 할애했고 직접 작품에 참여하기도 했습니다. 특히 동방교회의 아이콘icon에 매료되었습니다. 서방 그리스도교의 위대한 종교미술 작품과 달리, 아이콘은 인물이나 상황을 더욱 구체적으로 표현한다고 사람들은 생각합니다. 아이콘은 우리를 내면으로 깊이 이끄는 데 도움이 되는 성스러운 장식물입니다. 어떤 아이콘들은 기적을 일으킨다고 여겨지기도 했습니다.

부연하자면, 어떤 형상도 새기지 말고 그 앞에 절하지 말라는 성경의 가르침에도 불구하고, 아이콘은 초대교회 시절부터 용인되어 왔습니다. 동방교회는 그리스도 강생으로 인해 모든 피조물이 변모되었으며, 아이콘이 표현하고자 하는 거룩한 정신을 피조물이 간직하게 되었다고 주장하며 아이콘 사용을 정당화했습니다. 헨리 나웬은 기도 생활에 아이콘을 이용했습니다. 『주님의 아름다우심을 우러러』*Behold the Beauty of the Lord*는 아이콘에 대한 깊이 있는 묵상을 다루고 있는 책입니다. 아이콘은 그리는 것이 아니라 그리스 어원 *graph*가 의미하는 바대로 '쓰는' 것입니다. 사람들은 이전의 아이콘(그렇게 거슬러 올라가다 보면 그 아이콘의 원본까지 갈 것입니다)을 충실히 베껴 썼고, 각각의 아이콘은 마음을 가다듬고 기도하는 가운데 만들어진 예술 작품이었습니다. 아이콘은 예술로 표현된 신심의 도구였습니다. 전통을 존중하며 변화에 대해 개방적인 마음으로 접근하려 했던 헨리 나웬의 방법이기도 했습니다.

그의 책들과 아이콘은 유사한 점이 있습니다. 책도 예술 작품과 똑같은 방법으로 기능하고 있는 것입니다. 예술 작품들처럼 나웬의 책도 독자들에게 영감을 주고, 그들을 변화시키고, 새로운 시야를 열어 줍니다. 예술가나 아이콘 제작자들처럼 헨리도 사람들의 마음에 직접적으로 호소합니다. 예술가들 대부분이 그런 것처럼 헨리도 자기와 작품과의 경계가 흐려져 마침내 하나가 될 때까지 혼신의 힘을 다해 작품에 매달립니다. 그리고 객관성을 뛰어넘어 변화되고 쇄신된 그리스도교에 대한 식견과, 깨달음을 재해석할 수 있는 깊은 관상과 놀라운 자유에서 비롯된 식견이 제자리를 찾습니다.

헨리 나웬에게는 분명히 영적이고 예술적인 면이 있었습니다. 그가 그리스도교적 주제를 다루는 방법은 예술가적 기질을 바탕으로 하고 있기에 독특하고 매력적입니다. 그렇다면 이 예술가적 기질은 어디에서 비롯된 것일까요? 신학교나 대학교에서 배우지는 않았습니다. 누가 혹은 어떤 사건이 그에게 영향을 끼친 것인지 알 수 있다면, 이러한 기질의 근원을 파악하는 데 도움이 될 것입니다. 헨리 나웬의 경우를 다루기에 앞서 '예술적 접근법'에 대해 좀 더 설명하겠습니다.

피에타

영적이고 종교적인 작품을 읽다 보면 변형이나 왜곡 없이 주제를 서술하며 글을 전개해 나가는 것을 봅니다. 그들은 결코 독창성을 목표로 하고 있지 않습니다. 너무 독창적인 사상은 높이 평가받지도 못합니다. 한 예로, 대부분의 종교 작가는 교의 문제에 관해 교회의 신조를 지켜야 한다는 압박을 받습니다. 그들은 성경을 다룰 때, 사실에 근거한 '주해'를 곁들이

기도 하는데, 본문에 무언가를 집어넣는 '자기 해석'이라기보다는 본문에서 무언가를 끄집어내는 것을 의미합니다. 그들의 일반적 접근법은 이성적이고, 사실에 근거하며, 분별력 있고, 신중합니다.

이렇게 종교적 저술에 대한 접근법은 기본적으로 예술적 접근법과 다릅니다. 무용가, 음악가, 시인, 시각 예술가 모두가 종교적 예술 작품을 만들고 있는데, 이들은 종교적 저술 작업과는 달리 저마다 자기만의 시각과 방식대로 작품을 만들어 나갑니다. 한 가지 예를 들겠습니다. 미켈란젤로가 예수와 마리아를 아름답게 표현한 저 유명한 조각상 '피에타'Pietà가 있습니다. 죽은 예수를 마리아가 무릎에 뉘어 안고 있는 모습입니다. 탁월한 그리스도교 예술 작품 가운데 하나라고 모두가 입을 모아 칭송합니다. 피에타는 분명 그 무엇과도 견주기 어려운 걸작이며, 그 자체로 깊은 울림이 있습니다.

그런데 엄밀히 말하면 우리는 피에타를 관상해서는 안 됩니다. 이 작품이 그리스도교 예술의 정점으로 인정받는 것과는 별개로, 역사성이나 표현의 기술적 측면에서 보면 실패작으로 간주됩니다. 재미있지 않습니까? 미켈란젤로가 묘사한 이 장면은 정경은 물론 외경에 이르기까지 성경 어디에서도 찾아볼 수 없습니다. 초대교회의 기록에도 마리아가 예수의 시신을 붙잡고 있었는지에 대한 언급은 없습니다.

이토록 인상적인 장면을 실제 역사와는 조금 다른 관점에서 받아들여 봅시다. 피에타를 통해서 미켈란젤로는, 복음서에 쓰인 서로 다른 시점의 이야기들을 이 작품에서 통합적으로 표현하려 했음을 알 수 있습니다. 이 가운데 두드러진 면모의 하나가 예수의 죽음입니다. 예수가 죽는 순간, 어머니도 거기에 있었습니다. 마리아가 십자가 곁에 있었다는 내용은 요한 복음서에도 있습니다. 피에타는 예수가 죽는 순간까지 그를 신뢰한 마리아의 믿음을 보여 주는 걸작입니다. 피에타는 단지 예수의 마지막 순간에 대한 묵상만을 보여 주는 것이 아닙니다. 마리아를 가까이 들여다보면 알 수 있습니다. 피에타의 마리아는 나이 많은 여인이 아니라 소녀의 모습을 하고 있습니다. 미켈란젤로는 마리아의 얼굴을 예수보다 더 젊어 보이게 만들었습니다. 몸의 크기도 예수와 균형이 맞지 않습니다. 예수가 보통 남성 체구로 표현된 데 비해 마리아는 8피트(240cm)나 9피트(270cm) 정도 되어 보입니다. 마리아에게 소녀의 얼굴과 큰 몸집을 부여함으로써 미켈란젤로는 예수의 죽음에 또 다른 이미지, 즉 그리스도교 신앙의 위대한 아이콘 가운데 하나인 성모 마리아와 아기(예수) 이미지를 보태려 한 것입니다.

미켈란젤로는 십자가의 이미지에 성모 마리아의 이미지를 첨가했습니다. 그리고 그는 복음서의 또 다른 순간을 멋지게 표현합니다. 마리아의 표정과 벌리고 있는 손의 형태를 보면 성모영보 때 "말씀하신 대로 저에게 이루어지기를 바랍니다"라고 한 말이 생각날 것입니다. 마리아의 얼굴은 성모영보 때의 얼굴입니다. 비탄에 잠긴 모습이 아니라 은총을 가득 받아 천사의 말에 동의하는 모습입니다. 이렇게 미켈란젤로는 피에타를 통해 예수와 성모 마리아의 모든 이야기를 들려주려 했습니다. 성모영보, 성모 마리아와 아기 예수, 십자가 수난과 죽음이 모두 함께 표현되어 있는 것입니다. 그리스도 강생에서 마리아가 차지한 중심적 역할에 대한 여러 모습이 피에타라는 하나의 조각상 안에 훌륭하게 녹아들어 있습니다.

이것은 사실적이거나 지성적인 표현이 아니라 예술적인 표현입니다. 피에타는 지성으로 보는 것이 아닙니다. 관상적이고 영적인 과정을 통해 마리아와 예수를 배우고 받아들이는 것입니다. 이를 위해 미켈란젤로는 원래 따로 떨어져 있던 장면과 이야기들을 함께 융화시켜 변화를 주고 하나로 묶어 냄으로써, 복음서의 다양한 장면을 재현한 것입니다. 성경 말씀을 그대로 정확하게 표현한 것은 아니지만, 결국 미켈란젤로는 매우 독창적으로 성경의 정신을 따랐다고 말할 수 있습니다.[1]

헨리 나웬도 이런 특징을 많이 지니고 있습니다. 미켈란젤로의 경우처럼 성경을 주제로 다룰 때 분명하게 나타납니다. 헨리는 성경을 종합적으로 보고 선택하여 다룹니다. 성경의 여러 곳에서 아이디어와 주제를 가져옵니다. 하나의 주제 아래 여러 이야기를 엮어 내는 그의 능력은 참으로 놀랍습니다. 원래 성경에 들어 있었던 것이지만 하느님께 깊이 침잠한 헨리 나웬에 의해 그 숨은 의미가 드러난 것입니다.

요한 복음서

그가 요한 복음서를 통해 어떻게 이야기를 풀어 나가는지 봅시다. 헨리는 말년에 요한 복음서에 몰두했는데, 그 신비적 복음서가 자신의 영성과 비슷하다는 것을 발견합니다. 그는 라르슈의 창설자 장 바니에Jean Vanier의 영향을 받아, 『삶의 표징』Lifesigns을 비롯한 자신의 여러 책에서 '친교, 풍요, 희열'[2]이라는 세 항목에 대한 묵상을 심도 있게 발전시켜 나갑니다.

> 당신을 포도나무로, 제자들은 가지로 묘사하시며 예수님은 말씀하십니다. "내 안에 거처를 마련하면 나도 너희 안에 머무르겠다"(요

---

[1] 미켈란젤로가 이 이미지의 창시자는 아니다. 피에타는 수세기에 걸쳐 그리스도 수난을 묵상한 결과물이다. 피에타 상은 1300년경, 독일의 수도원에서 처음 모습을 드러냈다. Gertrud Schiller, *Iconography of Christian Art*, trans. Janet Seligman, 3 vols. (Greenwich, Conn.: New York Graphic Society 1971) 2:179-181 참조.

[2] Henri Nouwen, *Lifesigns: Intimacy, Fecundity and Ecstasy in Christian Perspective* (New York: Doubleday 1966).

한 15,4 참조). 이것은 '친교'로의 초대입니다. 그리고 덧붙이시길, "내 안에 머무르고 나도 그 안에 머무르는 사람은 많은 열매를 맺는다"(요한 15,5). 이것은 '풍요'에 대한 부르심입니다. 끝으로 "내가 너희에게 이 말을 한 이유는, 내 기쁨이 너희 안에 있고 또 너희 기쁨이 충만하게 하려는 것이다"(요한 15,11)라고 말씀하신 것은 '희열'에 대한 약속입니다. 요한 복음서를 읽고 묵상할수록 나는 이 주제들이 얼마나 중요한 것인지 더욱 깊이 깨닫게 됩니다. 장 바니에의 가르침을 따라 이 주제들로 눈을 돌리면서, 이것이야말로 요한 복음서 전체를 아우르는 핵심임을 깨닫게 되었습니다.[3]

이 짧은 단락에서도 헨리 나웬의 묵상이 더욱 확장되고 있음을 보게 됩니다. 그는 요한 복음서 15장 4절처럼 "내 안에 머물러라" 하지 않고 "내 안에 네 거처를 마련하면"이라고 표현하면서 성경의 정신을 확장하고 있습니다. 그는 (사람이) 살 수 있는 '집'이라는 개념을 다른 (성경) 본문에서 가져왔습니다. 14장에 '집'의 개념이 나옵니다. "누구든지 나를 사랑하면 내 말을 지킬 것이다. 그러면 내 아버지께서 그를 사랑하시고, 우리가 그에게 가서 그와 함께 (집에서) 살 것이다"(요한 14,23). 그 앞에 또 다른 구절이 있습니다. "내 아버지의 집에는 거처할 곳이 많다"(요한 14,2).

헨리 나웬은 요한 복음서에 대한 창조적 묵상으로 두 가지 이미지를 함께 이끌어 냈습니다. 하나는 장소, 즉 하느님 집에 있는 '거처'이고, 또 하나는 예수라는 포도나무에 붙어 있는 가지입니다. 그는 이것을 '하느님 안에 거처를 두고 하느님과 함께 살게 하려는 부르심'이라는 개념으로 묶었

---

3 같은 책, 23.

습니다. 그리고 더 나아가 '예수 안에 거처를 마련하는 것'이 요한 복음서 전체를 아우르는 주제라고 주장합니다. 헨리 이전의 주석가들은 몰랐는지 몰라도 헨리의 말은 옳았습니다. 예를 들어, 요한 복음서의 시작에서 보면 예수께서 우리 가운데 "사셨다"(요한 1,14)는 중요한 선언과 더불어, 당신의 거처에 머물라고 초대하시는 것을 발견할 수 있기 때문입니다.

세례자 요한의 제자 두 사람이 예수를 따라갔습니다. 예수가 그들에게 "무엇을 찾느냐?" 하고 물으시자, 그들은 "라삐, 어디에 묵고 계십니까?"(헨리가 "거처를 마련하다"라고 표현한 것과 그리스어로 같은 말입니다) 하였습니다. 예수가 "와서 보아라" 하시니 그들이 함께 가 예수께서 묵으시는 곳을 보고 그날 그분과 함께 묵었습니다(요한 1,37-39 참조). 성경에서 "내 안에 머물러라"라고 말한 바에 따라 그가 이 이미지를 엮어 낸 것은 아닙니다. 그는 요한 복음서 전체를 예수와 함께 '머무르거나' '거처를 마련하려'는 여정으로 파악하고 있습니다. 그리스어로는 모두 같은 말이며 그 개념은 요한 복음서에 규칙적으로 등장합니다.

더 나아가 헨리 나웬은 요한 복음서를 예수와 함께 거주하는 것뿐만 아니라 그분과 친교를 나누고 희열을 맛보는 장으로 여겼습니다. 어느 누구도 이 부분을 헨리만큼 명확하게 이해하지 못했지만 그의 직관은 옳았습니다. 예수의 가슴에 머리를 기댔던 '요한'이 쓴 복음서가 아닙니까? 또 '요한'은 특별히 예수에게서 사랑한다는 말을 들은 사람이 아닙니까? 예수와 요한의 친밀한 관계가 이 신비로운 네 번째 복음서의 핵심이라는 점에, 성서학자라면 누구나 동의할 것입니다.

요한 복음서에 따르면, 십자가 위에서 예수는 이 사랑하는 제자에게 마리아를 어머니로 모시게 하고 마리아에게 그를 아들로 맡기셨습니다. 마리아는 그(요한)의 집에 가서 사셨습니다. 예수와 마리아와 사랑받던 제자는 친교를 나누고 한 가족이 되었습니다.

'희열'이라고 하면 소수의 성인들만 누릴 수 있었던 신비로운 황홀경처럼 느껴지지만, 헨리는 이 네 번째 복음서가 기쁨을 이야기하고 있음을 분명히 밝힙니다. 완전한 기쁨은 예수께서 우리에게 가져다주신 것이며, 이 기쁨이 진정한 의미의 희열입니다.

> '희열'은 그리스어 엑스타시스 *ekstasis*에서 왔습니다. '밖으로'를 뜻하는 에크 *ek*와 '정지'를 뜻하는 스타시스 *stasis*에서 유래한 말입니다. 문자 그대로 희열에 넘치는 것은 고정된 상태 밖에 있다는 의미입니다. 그러므로 희열에 넘친 삶을 사는 사람은 고정된 상황에 머무르지 않고 항상 새로운 경험을 추구합니다. 여기서 우리는 기쁨의 본질을 봅니다. 기쁨은 항상 새롭습니다. 해묵은 고통, 해묵은 슬픔은 있지만 해묵은 기쁨은 있을 수 없습니다. 해묵은 기쁨은 기쁨이 아닙니다! 기쁨은 항상 움직이고 변화하며 새롭게 태어납니다. 즉, 생명과 관련이 있습니다.[4]

그렇게 헨리는 복음서에 숨어 있던 주제를 드러내 함께 엮어, 새롭고 힘있고 명쾌하게 설명해 주었습니다. 예술적으로 전개되는 복음 묵상이 그러했습니다. 미켈란젤로가 피에타를 통해 이룬 작업과 매우 흡사합니다. 두 경우 모두 복음에서 깊은 영감을 끌어내 새로운 의미를 더한 것입니다.

헨리는 성경을 포괄적으로 보았으며 여타 예술가들처럼 거기서 자신의 상처 입은, 그러나 희망찬 자아를 발견했습니다. '예수 안에 거처를 마련하

---

4 같은 책, 88.

며'라는 주제의 묵상을 따라가면서, 그의 개인적 자각이 어떻게 하나의 그림으로 엮이게 되는지 생각해 봅시다.

> 내 아버지의 집에는 거처할 곳이 많다(요한 14,2). … 하느님의 자녀들은 그곳에서 각자의 거처를 가지고 있으며, 그들 스스로가 하느님의 거처입니다. 비교하고 경쟁하려는 의식을 버리고 아버지의 사랑에 몸을 내맡겨야 합니다. 이것은 한 단계 높은 신앙을 요구합니다. 무조건적인 사랑을 체험하지 못하면 그 사랑이 지닌 치유의 힘을 알 수 없습니다. 바깥의 어둠 속에 머물러 있는 한, 비교 의식에서 비롯된 원망과 불평만 늘어놓게 될 뿐입니다. … 하느님은 우리에게 집으로 돌아오라고, 당신의 빛 속으로 들어오라고 권하고 계십니다. 거기서 우리는 모든 백성이 하느님 안에서 저마다 특별하고 완전한 사랑을 받고 있음을 알게 됩니다. 하느님의 빛 속에서 마침내 나는 이웃을 내 형제로 볼 수 있습니다. 다시 말해, 내가 하느님께 속해 있는 것과 마찬가지로 그들도 하느님께 속해 있는 사람임을 알게 됩니다.[5]

빛, 어둠, 하느님 아버지께서 이 세상을 끝없이 사랑하시는 것, 하느님 집으로 돌아오는 것, 나만을 위해 특별히 마련된 장소에서 하느님의 자녀가 되는 것 … 이 모두가 요한 복음서에서 발견할 수 있는 주제입니다. 헨리 나웬은 이 주제들을 새롭고 탁월한 방법으로 한데 묶었습니다. 요한 복음서에 담겨 있지만 명확하게 연결되지 않았던 잠재 요소들을 표면으로 끌

---

[5] Henri Nouwen, *The Return of the Prodigal Son: A Meditation on Fathers, Brothers and Sons* (New York: Doubleday 1992) 76.

어냈습니다. 예술가는 항상 이렇게 개념과 이미지를 다룹니다. 그들은 주제를 전개시키고 성찰하면서 각각의 조각들을 이어 붙여 전체적으로 새로운 모습을 보여 줍니다.

이 잔을 들겠느냐?

이야기를 풀어 나가는 헨리 나웬의 또 다른 방법을 소개하겠습니다. 이번에는 성경이 아니라 교의와 관련된 것입니다. 안식년에 출간한 책,『이 잔을 들겠느냐?』*Can You Drink the Cup?*에 서명하여 친구들에게 보내고 나서, 그는 러시아로 생의 마지막 여행을 떠났습니다. 그가 죽고 난 뒤 내 우편함에서 다른 편지들과 함께 낯익은 주소가 적힌 그의 소포를 발견했을 때의 기억이 여전히 가슴에 사무칩니다. 책을 받아 든 순간, 그의 소명이 결코 죽음으로 끝나지 않았음을 깨달았습니다. 몇 년 동안 그가 내게 보내 준 책들을 다 읽지는 못했지만『이 잔을 들겠느냐?』는 바로 읽어 내려가기 시작했습니다. 그 책은 단순하게, 축배를 드는 행위에 대해 말하고 있습니다. 성찬례처럼 '잔을 들어 마시는' 행위가 곧 축제라고 헨리 나웬은 말합니다. 우리가 살고 있는 장소와 시대에 기반을 두고, 우리의 육신과 가족 안에 깃들어 있는 생명에 대해 진정으로 감사하게 하며, 더불어 죽음에 대해서도 생각하게 하는 책입니다.

그는『이 잔을 들겠느냐?』를 쓰는 동안 구약성경의 어떤 구절을 묵상한 내용을 내게 들려준 적이 있습니다. 이방의 정복자들이 신성한 잔으로 술을 마신 죄의 대가는 죽음임을 알리는 '글자가 벽에 쓰이던' 밤에 대해 우리는 이야기를 나누었습니다(다니 5,1-30 참조). 그리고 책을 읽게 되었을 때, 헨리가 능숙한 솜씨로 구약성경을 그 자신이 살아온 삶과 스스로 들어 올린 수많은 잔(성배)에 대한 독특하고 개인적인 묵상으로 발전시키는 것에, 또 예수의 이름과 생명의 이름으로 잔을 들어 올리는 행위의 의미를 밝히는 데 대해 나는 미소 짓지 않을 수 없었습니다. 삶이나 체험과는 전혀 무관하고 추상적이기만 했던 우리의 대화 내용은 책에서 찾아볼 수 없었습니다. 성체성사라는 어렵고도 어마어마한 주제를 놓고 그는 참되고 순수하고 새로운 것을 말하고자 했습니다. 그에게는 예수처럼 큰 주제를 여러 조각으로 쪼개 단순하고 친근하게 설명하는 능력이 있었습니다. 『이 잔을 들겠느냐?』에서는 복잡한 신학 문제를 개인적·예술적으로 다루고자 했습니다.

헨리 나웬은 비범한 감수성으로, 성서학자가 아닌 예술가의 접근법을 구사했습니다. 그는 사물의 진정한 본질에 초점을 맞추었습니다. 거기에서 사람들은 예수가 취하신 접근법을 떠올렸습니다. 예수도 '성경대로 말씀하시지 않으시고' 몽땅 바꿔서 말씀하셨습니다. 그렇다고 사물을 해석함에 있어서 헨리가 의도적으로 예수를 따르려 한 것은 아니었습니다. 비범한 접근법의 연원은 좀 더 복잡한 데 있었습니다.

이제 삶과 복음에 대한 헨리 나웬의 이해와 표현법을 탐구하고자 합니다. 헨리 나웬에게서 우리가 배우고 받아들여야 할 것이 있다면, 그것은 그의 조화롭고 창조적인 신앙으로부터 나오는 생명에 대한 관상적이고 의미 깊은 포용력입니다. 나는 성인이 되고 나서 대부분의 시간 동안 관상적 영성을 공부해 왔는데, 생생하고 독창적인 정신으로 하느님과 세상을 열렬하게 끌어안은 예를 헨리를 제외하고는 거의 발견할 수 없었습니다. 하느님으로부터 받은 영감 때문이겠지만, 그 밖에도 빈센트 반 고흐 같은 사람들에게서도 영감을 받았을 것으로 생각됩니다. 이제 이 놀라운 재능이 어떻게 발달되었는지 살펴봅시다.

빈센트

빈센트 반 고흐는 헨리 나웬의 위대한 영감의 원천이었습니다. 오늘날 그는 너무나 인기 있는 화가가 되어 있습니다. 놀라운 재능을 타고난 이 인물이 '빈센트'라고 간단히 서명한 그림들을 포스터, 달력, 책을 통해 도처에서 만나 볼 수 있습니다. 역설적이게도, 외롭고 고통스러운 삶을 살고 간 빈센트 반 고흐는 역사상 가장 인기 있는 화가가 되어 있습니다. 헨리 나웬은 빈센트 반 고흐가 지금만큼 유명해지기 전부터 그에게 관심이 많았습니다. 헨리 나웬이 예일 대학교에서 고흐에 관해 강의한 내용이 얼마나 훌륭했던가를 아직도 많은 이가 기억하고 있습니다.

화가인 빈센트와 사제인 헨리의 삶에는 유사점이 많습니다. 두 사람 다 네덜란드 사람이었습니다. 둘 다 정서적으로 시련을 겪었고, 수치심과 거부당한다는 느낌에 고통받았습니다. 어려서부터 종교적 소명을 받은 것도 마찬가지였습니다. 헨리 나웬뿐만 아니라 빈센트 반 고흐에게도 종교는 너무나 중요한 것이었습니다. 빈센트에게도 영국의 광산에서 가난한 노동자들에게 복음을 전하며 설교하던 시절이 있었습니다. 신비로운 체험을 하기도 했고, 성경을 삶의 지주로 여기기도 했습니다. 이런 영적 체험에 있어서 두 사람은 유사한 점이 많습니다. 헨리 나웬도 네덜란드 남부 림뷔르흐의 광산에서 선교한 적이 있습니다.[6]

두 사람 모두 아들의 출세를 꿈꾸던 아버지와 갈등을 겪었습니다. 빈센트의 아버지는 네덜란드 사회에서 매우 존경받던 칼뱅파 목사였습니다. 아버지는 아들이 무언가 장래성 있는 사업을 하는 것을 보고 싶어 했습니

---

[6] Jurgen Beumer, *Henri Nouwen: A Restless Seeking for God* (New York: Crossroad 1997) 24.

다. 반면 헨리 나웬의 아버지는 아들이 사제직을 택한 것을 반대하지는 않았습니다. 하지만 그 아들은 아버지에게 존중받지 못하고 모든 면에서 아버지 눈에는 부족할 것이라는 생각 때문에 일생 동안 괴로워했습니다.

빈센트는 규제가 심하고 상상력을 제한하는 사고방식과 생활양식의 전형이었던 북유럽으로부터 벗어나고 싶었습니다. 프랑스에 관심을 가지기 시작하면서, 그는 열정적이고 공동체적이며 모든 면에서 한결 빛나는 삶의 방식을 발견했습니다. 그리고 결정적으로 진일보하게 됩니다.

온전하고 낭만적인 삶을 추구하기 위해 가난하고 박해받는 사람들에 대한 존중을 신념으로 삼았던 빅토르 위고의 소설들을 읽으면서, 그는 프랑스에 더욱 깊이 빠져 듭니다. 빅토르 위고는 이상주의자이며 열정적인 작가였습니다. 그는 『레미제라블』Les Misérables에서 "다른 사람을 사랑하는 것은 하느님의 얼굴을 보는 것이다"라고 말합니다. 당시로서는 논란이 되는 표현이었고 네덜란드에서는 특히 더했습니다. 보수적인 네덜란드인들에게 프랑스에서 건너온 싸구려 소설들은 퇴폐와 음란의 상징쯤으로 여겨졌습니다. 빈센트는 아버지에 대한 반항으로 그 책들을 읽었습니다.

이런 소설들과 프랑스에서 유행하는 사상들을 통해, 앞만 보고 나아가는 길 말고 낮은 곳을 향해 가는 길도 있음을 그는 발견합니다. 하느님께 나아가기 위해서 꼭 신학교에 가야 하는 것은 아니라고 동생에게 선언합니다. 렘브란트를 감상하거나, 프랑스 혁명을 공부하거나, '위대한 고뇌의 학교'[7]에 몸담는 것도 하느님께 나아가는 한 방법일 수 있습니다.

빈센트의 마음은 변화하고 있었고, 아버지의 죽음을 계기로 결심은 확고해집니다. 그는 자신의 영적 체험을 그림을 통해 표현했습니다. 「펼쳐진

---

7 Cliff Edwards, *Van Gogh and God: A Creative Spiritual Quest* (Chicago: Loyola University 1989) 44.

「성경과 졸라의 소설이 있는 정물화」*Still Life with Open Bible and Zola Novel*에는 그의 아버지가 쓰던 커다란 성경이 보이는데, 고난받는 종의 노래로 유명한 이사야서 53장이 펼쳐져 있습니다. 빈센트에게는 이 구절이 성경의 핵심입니다. 학대받고 버림받은 인물이 참혹한 고통을 통해서 하느님의 뜻을 드러냅니다. 하느님의 신비는 가난하고 온유하며 멸시당하는 이들을 통해 발견됩니다.

아버지의 성경 옆에는 양초가 있지만 심지의 불은 꺼져 있습니다. 이는 아버지의 생애와 삶의 방식이 끝났음을 의미하는 것 같습니다. 아버지가 죽은 후에도 성경의 참뜻을 아버지에게 보여 주려 한 빈센트의 의도를 어렵지 않게 읽을 수 있습니다. 그에게 이것은 마음속 깊이 간직하고 있던 크나큰 소망이었습니다. 동생 테오에게 쓴 편지에서 밝히고 있는 것처럼, 빈센트는 아버지가 빈센트 자신의 방식으로 세상을 보기를 원했습니다.

> 내가 프랑스의 '죄악'에 물들어 아버지를 '오염'시킬 거라고 여기지만 않는다면, 나는 아버지를 적이 아니라 누구보다 친한 벗으로 생각할 것이다. 아버지가 나의 진심을 이해한다면, 당신 자신에게나 당신 설교에 도움이 될 수 있을 텐데 …. 나는 매우 새로운 시각으로 성경을 볼 수 있기 때문이다. 그러나 아버지는 내가 완전히 틀렸다고만 생각한다. 언제나 내 생각을 부정하고 거부하기만 한다.[8]

극적 효과를 위해 빈센트는 펼쳐진 성경과 함께 그의 아버지가 경멸해 마지않았던 노란색 페이퍼백, 즉 당시의 최신 프랑스 소설을 그림에 그려 넣

---

[8] 같은 책, 48.

었습니다. 에밀 졸라의 『삶의 기쁨』La Joie de Vivre이었습니다. 네덜란드의 칼뱅주의에서는 좀처럼 발견하기 어려운 '삶의 기쁨'이라는 주제를 다룬 책이었습니다. 에밀 졸라는 이 책에서, 이웃과 불화하는 어느 불행한 부르주아 가족의 삶을 자세히 보여 줍니다. 거기에 고아로 자라 온 한 여인이 빛나는 모습으로 등장합니다. 그녀는 선행과 자기희생을 통해 그들의 어두운 삶에 빛을 비추어 줍니다. 빈센트는 성경과 졸라의 소설을 함께 놓아 둠으로써, 진리와 선은 성경 안에만 있는 것이 아니라 세상 어디에나 존재하고 있음을 보여 주려 했습니다. 이것이 빅토르 위고와 에밀 졸라의 신념이었으며 빈센트의 신념이기도 했습니다.

프랑스의 사상과 예술의 매력은 빈센트와 그의 동생 테오를 파리로 이끌었습니다. 거기에서 빈센트는 인상파 화가들 가운데 동지를 만나게 됩니다. 파리에 머무는 동안 그는 음악, 술, 음식, 그림 등을 통해 삶을 찬미하는 독특한 문화를 향유합니다. 프랑스는 네덜란드보다 예술적·철학적으로 훨씬 개방된 나라였을 뿐만 아니라, 농부나 거리의 가난한 이들이라고 해서 업신여기지 않는 사회였습니다. 이 점이 그에게 특히 중요했습니다. 고통스러운 말년을 보냈음에도 불구하고, 프랑스에서 그는 평화로웠고 삶을 온전히 영위할 수 있었습니다.

헨리 나웬 역시 네덜란드를 떠나 활기 넘치는 다른 문화를 받아들일 필요가 있었습니다. 그는 1968년부터 시작된 유럽의 격변기를 체험하지 못했기에 한동안 고향에 대해 이질감을 느낄 수밖에 없었습니다. 그렇다고 네덜란드와 관계를 끊은 것은 결코 아니었습니다. 가족과 관계를 지속한 것은 물론, 네덜란드에 있는 많은 사람과 소중한 우정을 이어 갔습니다. 여러 나라를 돌아다니며 특히 영어권 나라에서 사목할 때도, 그는 네덜란드 청중을 위해 연설하고 글 쓰는 것을 게을리하지 않았습니다. 저서를 네덜란드어로 번역하여 펴냈고, 결코 국적을 바꾸려 하지 않았으며, 네덜란드에 있는 주교에 대한 충성도 변함없었습니다.

그러나 네덜란드에서 살지는 않았습니다. 네덜란드를 제외하고 그에게 가장 큰 영향을 끼친 나라는 미국이었습니다. 네덜란드 사람임을 부정한 적은 없지만, 대서양 건너편 미국이라는 나라가 그에게는 너무나 편했습니다. 그의 저술과 강연 스타일은 유럽보다 미국에 훨씬 더 잘 어울렸습니다. 그러나 그는 자신을 '미국식'이라고는 생각지 않았습니다. 한 번은 동유럽 사람들 앞에서 강연을 하는데 청중이 그의 말을 잘 받아들이려 하지 않았습니다. 나중에 그들이 '너무 미국적인' 연설이었다고 말하자 그는 대답했습니다. "너무 헨리 나웬다웠겠지요."

네덜란드 사람으로서 미국이 편했을 뿐이지 다른 갈등은 거의 없었습니다. 그리고 토론토로 가게 된 것은 여러모로 보아 뜻밖에 찾아온 아주 좋은 기회였습니다. 캐나다는 문화적으로 미국과 유럽의 중간 정도였기 때문입니다.

헨리 나웬의 삶과 사목 활동을 보면 '삶의 기쁨'의 요소가 너무나 강했기 때문에, 그도 빈센트 반 고흐처럼 젊은 시절에 빅토르 위고나 에밀 졸라를 읽지 않았을까 하는 생각을 해 봅니다. 프랑스어를 할 줄 알았으므로 아마도 프랑스적 사상을 간직하고 있었을 것입니다. 그는 제2차 바티칸 공의회 이전에 네덜란드로 유입된 프랑스의 신학 조류를 통해 프랑스 문화를 처음 접했을 것으로 생각됩니다. 신학생이던 헨리는 네덜란드에서 일어난 실험들이 프랑스에서 대두된 신학의 일부라는 점을 깨달았습니다.

예술적이고 관용적인 프랑스의 감수성을 더욱 발전시킨 빈센트 반 고흐의 작품은 헨리 나웬에게 또 다른 길을 보여 줍니다. 예일 대학교 시절, 새롭고 보다 나은 삶의 방식을 찾던 헨리 나웬은 토마스 머튼에게 끌렸습니다. 일생 동안 프랑스를 동경하던 어머니를 둔 머튼은 프랑스에서 태어났고, 프랑스계 수도회인 시토회에 들어갑니다. 대체적으로 이런 것들이 헨리 나웬이 받은 프랑스적 영향이라 할 수 있겠습니다.

 헨리 나웬의 인생에서 가장 거대한 프랑스적 영향은, 후일 라르슈의 형태로 그를 찾아옵니다. 오늘날 라르슈는 국제적이고 교회일치적인 공동체임이 분명하지만, 그 기원은 프랑스 가톨릭 정신에 있습니다. 1985년, 파리 근교 트로슬리Trosly의 라르슈를 방문한 헨리 나웬은 깊은 감명을 받았으며 서서히 변화하기 시작합니다.

 라르슈는 단순한 문화적 산물로 규정할 수 없는 영적 사건이자 세상에 주어진 선물입니다. 여리고 상처받기 쉬운 사람들을 보살피는 모습, 생일과 축제일을 즐기며 기뻐하는 모습들에서는 물론이고, 성사 거행에서조차 라르슈는 특별한 프랑스적 감수성을 보여 줍니다. 모네Monet의 수채화나 프랑스 식당의 품격 있는 식사에서 느껴지는 그 무엇이 라르슈의 보살핌과 축복 속에도 존재합니다. 프랑스적이라고 해서 무조건 평화롭거나 영감을 주는 것은 아니겠지만, 분주한 생활과 스트레스 가득한 미국 동부 해안에 살고 있던 네덜란드 사람 헨리 나웬에게, 라르슈와 그 주변 환경은 자유로운 휴식을 제공해 주었습니다. 그곳에서 헨리는 빈센트가 프랑스에 갔을 때처럼, 여유롭고 영적이며 예술적인 삶의 방식을 발견하고 그것을 받아들였습니다.

 빈센트와 헨리는 마치 소울 메이트인 것처럼 비슷한 점이 많았습니다. 두 사람은 똑같은 강을 서로 다른 시기에 흘러내려가는 두 척의 배와도 같습니다. 둘 다 종교적 영향하에 있었고, 예민하고 상처받기 쉬운 성품이었으며, 비범한 재능을 지니고 있었습니다. 그 둘은 공히 네덜란드를 떠남으로써 생각이 자랐고, 삶을 즐기며 찬양하는 마음으로 가난한 이들에게 관심을 기울이는 프랑스적 식견을 받아들였습니다. 두 사람 사이의 흥미로운 공통점과 관련성을 더 들여다보기 위해, 빈센트의 작품 세계를 다시 한 번 주의 깊게 살펴보겠습니다.

평범한 소재를 다채로운 빛깔로 표현한 빈센트 반 고흐의 작품처럼, 두 사람 모두 평범한 이웃에게 눈길을 돌려 그들의 진가를 알아보았다는 공통점이 있습니다. 빈센트 반 고흐의 유명한 작품 가운데 하나인 「감자 먹는 사람들」 *The Potato Eaters* 은 유럽의 암울함을 배경으로 농부들의 가난한 삶을 묘사함으로써 그림을 보는 이들에게 깊은 인상을 남겼습니다. 고흐와 나웬은 모두 특권으로 가득 찬 세상으로부터 눈을 돌려, 가난하고 평범한 사람들에게 관심을 기울였습니다. 고흐는 나웬보다 자연과 풍광에 대해 훨씬 더 잘 알고 있었습니다. 하지만 꽃을 사랑하는 마음, 특히 해바라기에 대한 마음은 나웬도 마찬가지였습니다. 미사를 봉헌할 때, 방이나 성당을 꾸밀 때, 때로는 작품 속에서도 언뜻언뜻 일본풍의 색감과 소박함이 드러나는 것은 분명 고흐의 영향일 것입니다.

헨리 나웬이 자기 앞의 문제를 주관적 관점에서 파악한 것처럼, 빈센트 반 고흐도 독자적으로 작업을 전개했습니다. 이글거리는 태양 아래 열심히 일하는 농부를 그릴 때, 황금빛 원반은 하늘만큼 거대해졌습니다. 화가 '빈센트'는 태양의 크기나 위치를 잡을 때, 전체적 구도를 고려하거나 눈금자를 이용하지 않았습니다. 그는 앞에 있는 풍경을 경험적 의미로 '정확하게' 그리려고 하지 않았습니다. 들판에 선 채 시선을 태양에 두었을 뿐입니다. 태양이 서서히 떠오르자 그와 함께 빈센트의 마음도 떠올랐습니다. 강렬한 태양빛이 들판과 농부들 위로 내리쬐며 사방으로 퍼져 나가고 있었습니다. 그 빛은 피부를 태우고, 눈꺼풀을 무겁게 만들고, 입술을 갈라지게 하고, 이마에 땀이 흐르게 만들었습니다. 지친 농부의 머리 위에서 이글이글 불타오르며 어마어마한 열기를 내뿜는 햇무리의 거역할 수 없는 강렬함을 전달하기 위해, 빈센트는 번쩍이는 노란색 물감을 캔버스에 여러 겹으로 두껍게 덧칠했습니다.

이는 궁극적으로 그가 본 것이 아니라 경험한 바를 표현한 것입니다. 불타는 태양의 엄청난 위용에 대한 묵상이며, 펜과 종이가 아닌 강렬한 색과 빛으로 캔버스 위에 써 내려간 육성입니다. 태양에 대한 묵상은 곧 도랑이 흐르는 들판, 해바라기를 비롯한 식물들, 더 나아가 죽어야 할 운명의 인간, 그 인간이 세상에서 차지하는 보잘것없는 위치에 대한 묵상이 되었습니다. 하늘, 물, 땅, 사람 … 그 무엇이건 빈센트는 위대한 예술 작품으로 승화시켰습니다. 모든 대상에게 강렬한 예술적 기운을 불어넣었습니다. 헨리 나웬은 죽기 직전에 빈센트 반 고흐에 관해 짧게 말한 바 있습니다. "그가 그린 사람들은 모두 성인처럼 빛나고, 난초와 편백나무와 밀밭은 그의 강렬한 마음의 불꽃으로 타오르고 있습니다."[9]

엘 그레코El Greco나 미켈란젤로처럼 빈센트 반 고흐도 대상을 연구하고 변화를 도모했습니다. 밀밭은 짙푸른 색이 되었고, 밤하늘은 파도처럼 산산이 부서졌으며, 밋밋한 사람 얼굴에 자주색 윤곽을 그렸습니다. 그것은 왜곡이라기보다는 변형이었습니다. 헨리 또한 자기 앞의 문제와 사람을 단순히 관찰만 한 것이 아니라 관상적이고 창조적으로 고찰했습니다. 그에게 주어진 주제는 변화합니다. 그는 어떤 주제를 가지고 작업할 때, 자신의 영적 동반자인 빈센트나 다른 예술가들처럼 확장된 견해와 변화를 추구했습니다. 그들은 헨리에게 문학적·철학적으로 영향을 끼쳤습니다. 그들은 헨리가 세상을 새롭게 아래로부터 보도록 도와주었습니다.

---

[9] Henri Nouwen, *Sabbatical Journey: The Diary of His Final Year* (New York: Crossroad 1998) 34.

빈센트 반 고흐가 예술계에 미친 영향만큼 헨리 나웬은 영성계의 발전에 기여했다고 말할 수 있을까요? 그는 영성을 인상주의적 측면에서 이해한 것일까요? 공식 범주에서 교의를 신봉하는 스콜라철학적 관점에서 본다면 그렇게 말할 수도 있을 것입니다. 헨리 나웬은 개인적이고 예술적인 관점에서 드넓은 새 지평을 열었습니다. 그렇습니다. 그는 그리스도교 신앙의 도서관에서 풀려나온 인상파 예술가였습니다.

토마스 머튼

빈센트 반 고흐와 헨리 나웬은 결코 혼자만의 힘으로 성과를 이룬 것이 아닙니다. 두 사람 모두 거대한 흐름의 일부였을 뿐입니다. 나웬은 앞서 간 수많은 영성 작가의 도움을 받았습니다. 그중에서도 토마스 머튼에게서 특히 많은 것을 배웠습니다. 머튼은 젊고 유망한 대학교수 시절에 가톨릭으로 개종했고 마침내 시토회 수도승이 되었습니다. 그는 다양한 주제의 주목할 만한 책들을 잇달아 펴내며 그리스도교 영성에 변화를 불러왔습니다. 토마스 머튼과 헨리 나웬은 모두 스스로 택한 주제를 창조적으로 다루며 앞으로 나아간 혁명적 작가들이었습니다. 그들은 가톨릭교회 울타리 안에서 바깥세상을 멀리 내다본 사람들이었습니다.

토마스 머튼은 참으로 특별한 사람입니다. 정치, 철학, 문학, 문화 등 다방면으로 훌륭한 글을 써내는 대단히 지적인 사람이었지만, 이런 것들은 그의 방대한 호기심에 비추어 볼 때 극히 일부에 지나지 않았습니다. 그런데 헨리 나웬은 결코 그런 식의 사상가가 아니었습니다. 그는 신앙의 체험에 초점을 맞추었습니다. 그런 점에서 머튼과 나웬의 가장 비슷한 모습은 머튼의 자전적 대표작, 『칠층산』*Seven Story Mountain*에서 찾아볼 수 있을 것입니다. 머튼의 작품에서 우리는 가톨릭 신앙이 우주를 이해하는 열쇠라고 생각하는 인물을 만날 수 있습니다. 토마스 머튼도 헨리 나웬처럼 자신의 주제를 새롭게 변화시킵니다. 헨리 나웬처럼 상처받기 쉬운 감수성을 지니지는 않았지만, 약동하는 신앙에 대한 견해만큼은 두 사람이 다르지 않았습니다.

머튼은 종교적이고 예술적인 관점과 사고를 융화시키는 관상 생활에 전념했습니다. 관상 수도승으로서 그는 신비주의를 좇았으며, 신비주의자 가운데 몇몇을 세상에 다시 소개하기도 했습니다. 광범위한 취향으로 라틴아메리카의 시인과 유럽의 철학자들, 동양의 선이나 명상 수행자들을 두루 섭렵하고 있었습니다.[10]

토마스 머튼은 헨리 나웬에게 기도와 영적 저술에 전념하는 예술가의 귀감이 되었습니다. 고흐와 마찬가지로 머튼은 우리 눈앞에 존재하는 것들에 깃들어 계신 하느님께로 향하는 관상가의 전형이었습니다. 우리와 마찬가지로 머튼도 초월적인 어떤 것보다는 실제로 이해할 수 있는 세상에 더 끌렸습니다. 이 말은 곧 초월적이고 기적적인 능력보다는 평범한 세상을 통해 머튼이 우리에게 말 걸고 있다는 뜻이기도 합니다. 때때로 머튼에게 하느님은 찾을 수 없는 분이었습니다. 머튼의 글입니다.

> 관상은 '보지 않으면서' 보게 되고 '알지 못하면서' 알게 되는 통찰력이 아닙니다. 관상은 깊은 믿음이고, 형상이나 말, 개념으로는 파악할 수 없는 심원한 지식입니다. 말과 상징으로 암시될 수는 있지만 그 아는 것을 나타내려고 하는 순간, 관상은 안다고 생각했던

---

[10] 토마스 머튼에게 헌정된 백과사전인 William Shannon, Christine Bocken, Patrick O'Connell, *The Thomas Merton Encyclopedia* (Maryknoll, N.Y.: Orbis Books 2002) 참조.

것을 없애 버리고 긍정적으로 받아들였던 것을 부정합니다. 관상 중에 우리는 '무지'로써 알게 되기 때문입니다. 아는 것이나 '알지 못하는 것'을 모두 넘어서 안다고 말하는 편이 더 낫겠습니다.

시와 음악 그리고 예술은 관상적 체험과 어떤 공통점을 가지고 있습니다. 그러나 관상은 심미적 통찰력 너머에, 예술과 시의 영역 저 너머에 있습니다. … 관상은 하느님을 만지듯이 압니다. 관상은 하느님께서 보이지 않게 만져 주시기라도 하는 것처럼 하느님을 안다고 말할 수 있겠습니다. … 순수한 실체이시며 모든 실재의 근원이신 그분께서 만져 주십니다! 그러므로 관상은 뜻밖의 인식, 모든 실재 안에 계신 실체에 대한 인식의 선물입니다.[11]

나웬은 머튼이 문제를 분석하는 방법과, 또 우리 앞에 놓인 모든 비본질적인 것을 배제한 점이 마음에 들었습니다. 또 그는 머튼이 이 세상 밖이 아닌, 있는 그대로의 이 세상에 초점을 맞추고 있음을 확신했습니다. 세상을 알려면 우리는 세상으로 들어가 그 깊은 곳에 존재하는 완전히 순수한 씨앗을 발견할 때까지 껍질을 벗겨 내야 합니다. 살아 계신 하느님을 관상하는 머튼의 능력에 관해 나웬은 다음과 같이 말합니다.

우리는 관상가가 되도록 부름 받았습니다. 관상가는 보는 사람, 즉 하느님께서 오시는 것을 보도록 부름 받은 사람입니다. 주님의 날은 참으로 항상 다가오고 있습니다. 먼 미래의 어느 날에 오는 것이 아니고 지금 이 순간, 우리 가운데로 오고 있습니다. 주님께서

---

11 Thomas Merton, *New Seeds of Contemplation* (Norfolk, Conn.: New Directions 1961) 1-2.

오시는 것은 우리 곁에서, 우리 사이에서, 그리고 우리 안에서 진행 중인 사건입니다. 그러므로 관상가가 되는 것은, 우리가 살고 있는 이 세상 가운데로 오고 계시는 당신을 볼 수 없게 만드는 눈가리개를 벗어던지는('벗겨 내다'라는 표현이 낫겠습니다) 것입니다. 세례자 요한처럼 머튼은 끊임없이 자신에게서 벗어나, 오시는 분을 향해 서 있습니다. 또한 그는 우리의 마음을 정화시켜, 참으로 그분이 우리의 주님이심을 깨닫게 하고자 우리를 초대하고 있습니다. … 토마스 머튼은 이해할 수 없는 하느님을 더 깊이 깨닫게 하고자 우리를 초대합니다. 그는 하느님을 알고 있다고 생각하는 우리의 착각을 드러냄으로써, 항상 놀랍고도 새로운 방법으로 주님을 보도록 우리를 도와줍니다.[12]

'놀랍고도 새로운 방법으로' 세상을 보도록 자유에로 이끄는 것은 토마스 머튼, 빈센트 반 고흐, 헨리 나웬 모두의 핵심 소명이었습니다. 그들이 '보는' 방법은 비슷한 유의 관상적·예술적 포용력에서 유래했습니다. 이런 창조적 과정은 대개 알려지지 않은 세상의 모습을 더 깊이 이해하도록 이끌어 줍니다. 그것이 궁극적으로는 이 세상을 넘어선 더 깊은 실체를 가리키고 있다고 말할 수 있습니다.

헨리는 머튼의 예술가적 식견과 정신, 하느님께로 이르는 길을 알려 주는 작품들을 받아들였습니다. 어느 날 헨리를 방문했을 때, 현관으로 내려오던 그의 모습을 결코 잊을 수 없습니다. 그는 나에게서 약 3미터쯤 앞에 멈추어 서더니 흥분이 가시지 않은 목소리로 외쳤습니다. "단어들과 씨름

---

[12] Henri Nouwen, *The Road to Peace: Writings on Peace and Justice*, ed. John Dear (Maryknoll, N.Y.: Orbis Books 1998) 196-197.

하고 있는 중이라네!" 머리는 빗질하지 않아 후광처럼 떡이 진 상태로 즐거워하는 그 얼굴을 보고 있자니, 정말이지 마지못해 땅에 내려와야 하는 낙하산 부대원처럼 보였습니다. 그는 진정한 작품, 즉 기도이고 예술이며 관상인 글쓰기에 관해 고심하고 있었습니다.

헨리 나웬의 관상은 현실도피적이거나 상상에 의존하지 않습니다. 어떤 식으로든 그가 관상을 현실도피로 생각하지 않았다는 점이 중요합니다. 빈센트 반 고흐, 토마스 머튼, 헨리 나웬은 하늘나라를 찾기 위해 이 세상 저 너머를 바라보지 않았습니다. 세 사람 모두 세상의 우리 주변에서 하느님의 현존을 찾았습니다. 바로 이런 이유로 고흐는 그렇게 영적인 사람이었음에도 불구하고, 성경의 한 장면 같은 종교적 주제로 그림을 그리지 않은 것입니다. 그는 이런 것을 억지 상상으로 여겼습니다. 그저 올리브 산을 그림으로써 그림을 보는 사람들로 하여금 더 높은 것에로 이끌리게 하는 식으로 하느님을 알려 주고 싶었습니다.[13] 머튼과 나웬도 이런 원칙을 고수했습니다.

헨리 나웬은 사물의 실체를 볼 때 지적 접근을 피했으며, 권위자의 의견이나 교의 따위를 참고하지도 않았습니다. 종교 용어나 참고 문헌도 배제했습니다. 그는 그리스도교 영성사의 전형적이고 고전적인 인물들에게는 관심이 없었습니다. 성경과 성체성사를 중시하면서도, 평범한 삶의 모습과 자신의 느낌을 들여다보는 데 충실했습니다. 그에게는 평범한 종교와 일상사를 색다르고 활기차게 바꾸어 놓는 탁월한 재주가 있었습니다. 우리 모두가 익히 알고 있거나 수없이 들어 온 이야기들, 습관적으로 반복하지만 점점 진부하게 느껴지는 말들에 그는 새로운 의미를 불어넣을 수 있

---

[13] Edwards, *Van Gogh and God*, 28, 56-57.

었습니다. 친숙한 것들의 의미를 되살리는 능력은 그가 이 세상에서 창조적·관상적으로 살아가는 과정의 열매였습니다. 헨리의 영성은 개인의 예술적 관상과 아주 밀접한 관계가 있습니다. 설교자이며 작가인 그는 사건, 이야기, 형상 들을 숙고하여 그것을 잘 표현할 줄 알았습니다.

우리는 여기서 무엇을 배워야 할까요? 이렇게 새로운 방법으로 세상을 바라보는 법을 배우는 것은 분명 평생이 걸릴 수도 있는 과업입니다. 고흐와 머튼과 나웬은 관상을 수행했습니다. 고흐는 자연의 풍광 앞에서, 머튼은 선문답에서, 나웬은 '탕자의 귀향'의 이미지를 통해서 그들 각자는 창조적 예술로서의 관상에 임할 수 있었습니다. 대상의 윤곽이 흐릿해질 때까지 바라보며 그들은 기록을 남겼습니다. 각자의 소명에 충실하기 위하여, 생각과 이미지와 감정이 자신 안에서 새롭고 자유로운 통찰력으로 피어날 때까지 끊임없이 창조성을 발휘했습니다.

헨리 나웬을 따른다고 해서, 그와 똑같은 생각으로 무조건 따르라는 것이 아닙니다. 우리 각자가 예술가가 되어 하느님과 세상에 대한 통찰력을 가지도록 항상 열린 마음으로 살아야 합니다. 헨리 나웬에게는 렘브란트, 고흐, 보이슨, 머튼 같은 안내자가 있었습니다. 우리 역시 존경할 만한 예술가나 작가를 찾아서, 그들의 통찰력의 씨앗이 우리의 삶이라는 토양에서 싹을 틔우도록 해야 합니다. 헨리 나웬은 자신이 추구했던 풍요롭고 생기 있는 전통에로 우리를 초대하고 있습니다. 피아노를 연주하면서, 그림을 그리면서, 정원을 가꾸면서, 글쓰기에 전념하면서 우리는 봉사의 삶을 영위할 수 있습니다. 모든 상황 속에서 우리는 헨리 나웬이 가르쳐 준 세상, 즉 현실에 발을 디디고 사람이 살아 숨 쉬는 그런 세상에 대한 희망과 깨달음을 키워 나가야 합니다.

4
하느님 식탁에서

성체성사

나일·갠지스·미시시피·아마존 같은 큰 강들은 굽이굽이 흐르며 대지에 생명을 줍니다. 이와 같이 성체성사도 헨리 나웬의 삶과 작품 세계에 지지와 풍요로움을 선사해 주었습니다. 그리스도 교회의 영적 양식은 헨리의 일생에 걸쳐 거대한 물길을 만들며 굽이굽이 흘렀습니다. 힘찬 강줄기처럼 성체성사는 그를 변화시키고 확장시키며 그의 삶을 가득 채웠습니다. 교회일치에의 소명에 있어서도 그는 성체성사에 깊이 몰두함으로써, 궁극적으로는 가톨릭교회의 규범을 뛰어넘을 수 있게 되었습니다.

 그는 성체성사의 본디 의미인 '식사'를 통해 새로운 가르침을 형성하는 묵상에 전념합니다. 예수께서는 죽으시기 전에 그리고 부활하신 뒤에 제자들과 함께 먹고 마심으로써, 그들은 물론이고 우리 모두와 깊은 우정을 맺으셨습니다. 예수께서는 당신의 식탁에 우리를 초대하시고 음식과 술을 베풀어 주실 뿐만 아니라, 우리 저마다의 노고를 기리며 축배를 올려 주십니다. 헨리 나웬은 단순하고도 심오한 가르침을 통해, 교의와 전례의 범주에 머물던 성체성사를 예수와 그분 식탁 주위로 모여든 사람들의 삶 속으로 옮겨 왔습니다.

그는 일찍부터 성체성사에 관심을 가졌습니다. 어린 시절부터 자석처럼 성체성사로 이끌렸습니다. 앞서 보았듯이 그는 어릴 적에 가족을 졸라 다락방에 모형 성당을 만들었습니다. 거기서 가족과 친구들에게 강론을 했고, 가톨릭교회 미사의 정점인 그리스도의 몸과 피를 나누는 것에 대해 묵상하며 그 성사를 재현했습니다. 성체성사는 그의 일생의 버팀목이었으며 마지막 저서의 주제가 되기도 했습니다. 『이 잔을 들겠느냐?』는 거룩한 식사와 나웬의 삶이 하나로 융화된, 성체성사 중심의 삶에 관한 단순하고도 놀라운 증언입니다.

그리스도교에서 성체성사는 하느님을 체험하는 방법입니다. 성체성사에 참여하는 것은 그리스도교 신앙 공동체만의 특권이기도 합니다. 빵을 나누어 먹고 잔을 돌려 마시는 것은 다른 이들과 또 공동체 전체와 친교를 나눈다는 의미입니다. 그래서 동방정교회와 가톨릭교회, 일부 개신교에서는 다른 교파 신자들이 성체성사에 참여하는 것을 허락하지 않습니다. 이렇게 세상의 그리스도인들은 '성체성사를 함께 나누지' 않습니다. 자기가 속한 교회의 규범을 크게 어긴 사람은 파문을 당하는데, 이는 곧 그 집단의 성체성사에 참여하는 것이 금지된다는 의미입니다. 이렇게 성체성사는 포괄적이면서 동시에 배타적인 예식입니다.

성체성사는 대부분의 그리스도인이 경외심을 느끼는 하느님의 신비를 포함하고 있는 강력한 상징입니다. 초대교회에서 성체성사는 대단히 거룩하게 여겨져 은밀하게 거행되었기 때문에, 외부 사람들은 잘 알 수가 없었습니다. 마르틴 루터가 사제였던 젊은 시절, 미사 때 그리스도의 몸과 피를 손으로 만진다는 사실에 그는 큰 충격을 받았다고 합니다.

오늘날에도 성체성사는 가톨릭 전례의 핵심입니다. 헨리 나웬을 생각할 때, 이 점을 떠올리면 도움이 될 것입니다. 미사는 가톨릭교회의 많은 봉사와 사업과 전례를 통틀어 가장 큰 비중을 차지하는 만큼, 성체성사의 의미도 오랜 세월에 걸쳐 확장되어 왔습니다. 성찬례의 비중이 작은 개신교나, 성체성사 이외의 예식이 많고 비교적 영성체를 자주 하지 않는 동방정교회에 비해, 가톨릭교회는 미사와 영성체를 크게 강조합니다.

신학생 시절, 헨리 나웬은 매일 미사에 참례하며 로마 전례에 따라 성체성사를 올바르게 거행하는 수련을 쌓았습니다. 성체성사 집전은 사제직의 진정한 표징이며 중요한 목적이자 배타적 특권이기도 합니다. 미사는 주일에 신자들이 모이는 신앙의 중심이고, 사제는 미사의 중심입니다. 따라서 사제 헨리 나웬은 그리스도교적 체험의 중심에 서 있었습니다.

성체성사는 가장 널리 알려진 가톨릭교회의 예식이지만 심원하고도 복합적인 측면을 지니고 있습니다. 신비롭고 헌신적인 예식과 체험들이 성체성사와 결합됨에 따라, 성체성사의 의미와 형식에 관한 논의도 지속되어 왔습니다. 대부분의 그리스도 교회가 그렇지만 특히 가톨릭교회는 그리스도가 성체성사의 빵과 포도주 안에 현존하심에 대한 상세하고도 정교한 교의를 가지고 있습니다. 실체변화설, 실체공존설,[1] 참된 현존 등은 성체성사 교의를 설명하는 대표적 신학 개념들입니다.

이러한 신학 발전과 더불어 전통적인 성체 신심도 발전합니다. 빵과 포도주로 이루어진 성체 성혈에 대한 흠숭이 신비한 예식의 형태로 발전한

---

1 루터교에서는 빵과 포도주가 주님의 몸과 피로 실제로 변화하는 것이 아니라 그 안에 공존한다고 주장한다 ― 옮긴이.

것입니다. 이런 신심이나 예식은 규모가 크고 대중적인 행사로 드러나기도 합니다. 가톨릭교회에서는 성체를 현시하여 바라보고 묵상합니다. 전통적인 가톨릭 국가에서는 거리에서 행렬을 지어 성체를 거동하기도 합니다. 헨리 나웬은 일생 동안 거의 매일 미사에 참례하고 미사를 집전했습니다. 그가 창시한 것이 아니라, 대대로 계승되어 온 가톨릭교회 전통의 정수인 성체성사의 풍요로움에 깊이 빠져 있었습니다.

성체성사에 임하는 그의 태도와 뛰어난 창조력 그리고 통찰력은 이런 배경과 문화에 비추어 평가되어야 합니다. 그가 성체성사를 거행하는 방법이나 성체성사에 관해 저술한 내용은 모두 그리스도교의 본질로부터 출발했습니다. 이것은 무슨 의미일까요? 간단히 말해서, 헨리 나웬은 대부분의 가톨릭 신자들처럼 친근하고 신성화된 전통으로서의 성체성사를 받아들인 것이 아닙니다. 그는 일찍이 성체성사를 예수의 삶과 소명의 핵심으로 이해했으며, 예수께서 모든 사람에게 당신의 식탁에 앉도록 손을 내밀어 초대하시는 모습으로 성체성사를 받아들였습니다.

부서진 이들과 함께

헨리 나웬을 알고 지내는 동안 나는 그가 교회, 대학교 예배당, 가정집 등에서 미사를 집전하는 모습을 여러 번 보았습니다. 특별한 날에는 미사에 함께하기도 했습니다. 말년으로 갈수록 헨리에게 미사의 의미는 더욱 깊어졌다고 생각합니다. 나는 이런 변화가 '새벽'이나 여타 장소에서 장애인들과 함께 미사를 드리면서 시작되지 않았나 짐작해 봅니다. 헨리를 비롯한 많은 사람은 장애인들을 통해서 현재의 자신을 돌아보고 여유를 찾게 되었습니다. 그 시기에 헨리 나웬과 그의 공동체는 성체성사 안에 계시는 예수 그리스도의 현존에 관한 특별한 통찰력을 얻었고 그것을 잘 인식하게 되었습니다.

'새벽' 공동체에서 미사를 집전할 때, 헨리는 낮은 탁자로 만든 제대 앞에 앉았습니다. 자신을 높이거나 다른 사람과 구별하지 않으려는 의도에서였습니다. 사실 진즉에 그렇게 해야 했습니다. 요란한 색깔 옷이나 파티복 같은 옷을 입은 중증 장애인들에게 다가가기 위하여 헨리 자신도 화려한 옷을 입었습니다. 의자에 앉을 수 없는 장애인들은 콩을 넣은 방석 위에 앉거나 기댄 채 미사를 드렸습니다. 미사 시간은 점점 길어졌습니다. 그는 미사의 매 전례마다 특별한 묵상을 하는 것 같았습니다. 말과 몸짓에 감정을 듬뿍 실은 그를 보고 있노라면, 마치 예수께서 말씀하시는 것 같았습니다. "받아먹어라. 이는 너희를 위하여 내줄 내 몸이니라."

향내 은은한 가운데 성경 말씀을 묵상하며 연극배우처럼 느리고 신중하게 움직이는 헨리를 보면서, 나는 복음서의 내용을 더 깊고 명확하게 이해할 수 있었습니다. 헨리는 그렇게 장애인들과 미사를 드렸습니다.

우리에게 희망을 주는 것은 우리 가운데 예수께서 실제로 그리고 구체적으로 현존하신다는 사실입니다. 하늘나라 잔치에 참여하는 것도 결국 여기서 먹고 마시는 것입니다. '머무를 곳이 많은 아버지의 집'이란 바로 지금 머무를 곳을 발견하는 것과 다르지 않습니다. 심각한 정신지체 장애인들보다 우리에게 이런 해방의 진리를 더 잘 가르쳐 줄 수 있는 사람이 누구겠습니까?

그들은 신문을 읽을 수 없고, 텔레비전을 볼 수도 없고, 장차 일어날 재난에 대해 토론하지도 못합니다. 미래에 대해 거의 아무 생각도 하지 않습니다. 다만 "먹여 줘, 입혀 줘, 만져 줘, 안아 줘 …

키스해 줘, 말해 줘 …. 지금 여기 함께 있는 게 너무 좋아"라고 말할 뿐입니다.²

라르슈의 장애인들은 곁에 있는 사람들 모두에게 육체적·정신적으로 '현재에 충실함'에 대한 깨달음을 주었습니다. 헨리도 그들로 인해 성체성사에 대해 더욱 여유롭고 깊은 묵상을 할 수 있었습니다. 그 어디에서 미사를 드리더라도 그렇게 했습니다. 나는 헨리와 함께 마지막으로 '새벽' 공동체에서 드린 미사를 영원히 기억할 것입니다. 그때 나는 헨리의 초대를 받아 아내와 다섯 살 난 쌍둥이 형제까지 데리고 토론토에 갔습니다. 그곳에 머문 3일 동안, 헨리는 우리를 융숭하게 대접해 주었습니다. 그는 우리 아이들을 위해 작은 장난감들을 빌려다 놓기까지 했습니다. 헨리는 아이들과 지낸 적이 없었기 때문에, 우리를 어떻게 대접해야 할지 몰라 했습니다. 그래도 모든 것이 좋았습니다. 아주 행복했고 우리의 우정에 특별한 순간이었습니다.

마지막 날은 우연히도 성지주일이었습니다. 아침나절에 비행기에 올라야 했기 때문에, 아내 마르타와 나는 일찍 일어나서 헨리의 미사에 참석했습니다. 몇 분 뒤에 우리 아이들도 잠옷 차림에 반쯤 감긴 눈을 하고 경당으로 들어왔습니다. 아마도 우리가 움직이는 소리에 잠이 깬 것 같았습니다. 앙드레는 우리가 자기들을 놔두고 비행기를 타러 갔다고 생각했는지 눈물에 젖어 있었는데, 우리를 보고는 안심하더니 내 무릎 위에서 몸을 웅크렸습니다. 니콜라스는 마르타 옆에 있는 콩 주머니 위에 누웠습니다. 아이들은 예수께서 당나귀를 타고 예루살렘에 들어가는 성지주일 독서를 나

---

2 Henri Nouwen, *Lifesigns: Intimacy, Fecundity and Ecstasy in Christian Perspective* (New York: Doubleday 1989) 122-123.

직이 따라 읽었습니다. 그런데 헨리가 강론을 하는 도중에 니콜라스가 갑자기 질문을 던졌습니다. "왜 예수님은 말을 타지 않으셨어요?" 니콜라스의 질문에 그는 잠시 숨을 고르더니, 지난 며칠간 식탁이나 잠자리에서 비슷한 질문을 받았을 때와 마찬가지로 두 아이와 함께 이 문제를 숙고했습니다. 다섯 살짜리 아이에게는 대단히 중요한 문제였던 것입니다. 숙고 끝에 그들은, 말은 부자들이 타는 것이고 예수는 아주 가난했기 때문에 당나귀를 타는 것이 더 어울린다는 결론을 내렸습니다.

잠시 후 예물 봉헌 시간이 되자 헨리는 두 아이를 옆으로 불렀습니다. 헨리의 지도에 따라 아이들은 의기양양하게 포도주를 커다란 유리잔에 따랐습니다. 그리고 나서는 넋이 빠진 모습으로, 헨리가 예물을 축성하는 모습을 바라보았습니다. 우리 모두가 마찬가지였습니다. 그 순간, 시간은 멈추었습니다. 나지막한 제대에는 성지 가지가 수북이 쌓여 있고, 촛불은 깜빡거리고, 이따금 장애인들이 몸을 뒤척이며 소리를 냈습니다. 잠옷을 걸친 조그만 두 아이를 옆에 거느린 사제와 눈길이 마주치자 우리 부부는 미소를 지으며 고개를 숙였습니다. 가난했던 예수는 이렇게 작은 사람들, 부서진 사람들의 친구가 되었습니다. 높은 데서 호산나!

단순함

헨리 나웬이 성체성사를 집전하는 모습을 보고 있노라면, 생생하고 극적인 태도로 전례에 임하는 모습에 놀라지 않을 수 없습니다. 결코 형식적이거나 상투적이지 않은 그 모습은 늘 풍성하고 새로웠기 때문에 거부감이 없었습니다. 그는 강론의 연장 선상에서 성체성사를 거행했습니다. 강론을 통해 사람들에게 친근하게 다가가 믿음을 심어 주면서, 자연스럽게 성체성사로 이끌었습니다. 그것은 우리 모두에게 해당되는 것이었습니다. 그의 미사에는 젊은이들, 타성에 젖은 가톨릭 신자, 혼란을 겪고 있는 개신교인, 소외당하는 이방인이 함께했습니다.

성체성사를 잘 모르는 이들을 위해 나웬은 예수 그리스도에서부터 시작했습니다. 그리고 결코 여기서 벗어나지 않았습니다. 성체를 분배하는 그 순간은 최후의 만찬에서, 엠마오로 가는 길에서, 그리고 바로 그곳에서 예수와 더불어 친교와 우정을 나누는 순간이 되었습니다. 헨리 나웬의 이런 마음가짐은 『불타는 마음으로』*With Burning Hearts*에서 분명히 드러납니다.

> "그들이 음식을 먹고 있을 때에 예수님께서 빵을 들고 찬미를 드리신 다음, 그것을 떼어 제자들에게 주시며 말씀하셨다"(마태 26,26). 너무나 단순하고 평범하고 분명하지만 그래서 무언가 다르지 않습니까? 여러분이 친구들과 빵을 나누어 먹을 때 저렇게 말고 또 어떻게 할 수 있겠습니까? 집어 들고, 감사 기도를 올리고, 쪼개어 나눠 줍니다. 그것이 빵의 목적입니다. 들어 올려지고 축복을 받고 쪼개지고 나누이고 …. 새로울 것도, 놀라울 것도 없습니다. 매일 무수히 많은 가정에서 일어나는 일입니다. 그것은 삶의 본질에 속하는 행위입니다. 집어 들어 축복하고 쪼개어 나누는 빵이 없으면 우리는 결코 살 수가 없습니다. 빵이 없으면 식탁의 친교도 없고, 공동체도 없고, 우정도 없고, 평화도 없고, 사랑도 없고, 희망도 없습니다. 그런데 빵이 있으면 모든 것이 새로워질 수 있습니다!
>
> 어쩌면 우리는 성체성사가 인간의 (일상적) 행위라는 사실을 잊어버린 듯합니다. … 우리가 예수를 집에 모실 때, 즉 밝은 면과 어두운 면 모두를 포함하고 있는 우리의 삶에 주님을 초대하여 식탁

의 가장 높은 자리를 마련해 드릴 때마다, 그분은 빵과 잔을 들고 우리에게 나누어 주시며 말씀하십니다. "받아먹어라. 이는 내 몸이 다. 받아 마셔라. 이는 내 피니라. 나를 기억하여 이를 행하라."

이렇게 빵과 포도주를 들어 올리고 나누어 줄 때, 헨리는 그곳에 있는 모든 사람을 예수와 함께했던 최초의 친교에 참여시키는 것입니다. 형식적 모습이나 전례와 전통에 치우치는 모습은 없습니다. 헨리 나웬이 성체성사를 집전하면서 보여 준 것은 바로 축제, 그것이었습니다. 가톨릭교회의 기준에서 보면 그 미사는 지나치게 살아 있고 기존 틀에서 벗어난 것이었습니다. 특히 헨리는 예수를 너무나 강조했기 때문에 흡사 복음주의파의 예배에 온 것처럼 느껴지기도 했습니다. 그러나 다시 보면, 주일마다 우리가 듣는 미사 경본의 내용을 진중히 되새기며, 성체성사의 초점을 다시 예수께로 돌리는 것을 어떻게 가톨릭적이지 않다고 말할 수 있겠습니까?

개신교 신자든 가톨릭 신자든 누구나 헨리 나웬의 제대 곁에서는 온전히 함께하고 있다는 느낌, 편안한 느낌으로 함께 영성체를 했습니다. 예수께서 모든 이를 환영하며 식탁으로 부르시는 모습을 재현하는 그 감동 어린 순간에 온전히 침잠하지 못한다면, 그것이 곧 성령을 거스르는 죄가 아니고 무엇이겠습니까?

교회일치운동

헨리는 가톨릭 외의 그리스도교인에게도 영성체를 허락했는데, 이는 가톨릭 규범을 뛰어넘는 큰 사건이었습니다. 라르슈 이전부터 시작된 일입니다. 그가 이렇게 가톨릭의 규범을 벗어난 데는 나름의 이유가 있었습니다.

그가 (개신교식) 교회일치운동의 성격이 강한 예일 대학교 신학부 교수이자 사실상의 지도신부로 일하던 1960년대는 격동의 시기였습니다. 이때 예일 대학교 신학부 예배당에서 그가 집전한 미사는 그곳의 신학적 공동체 생활의 중요한 한 부분이자 그의 큰 직무였습니다. 개신교 학생들이 그의 미사에 매료되어 참석하기 시작했고, 결국 그것은 교회일치적 예배가 되었습니다. 나웬이 자리를 비울 때는, 감독교회 사제가 감독교회식 예배를 드렸습니다. 거대한 전례적 실험과 쇄신의 시기에 네덜란드에서 수련을 받고 사제가 된 헨리 나웬이었기에, 예일 대학교 신학부에서 개신교인에게 영성체를 허용하더라도 별 문제가 되지 않으리라 여겼을 것입니다. 당시 상황에서는 외려 자연스러운 일로 생각되었습니다.

오늘날에는 공공연한 죄인[3]을 제외하고는, 영성체를 허용하는 것이 가톨릭교회의 방침입니다. 제2차 바티칸 공의회 이전의 강경한 규정 가운데 (대부분은 아니지만) 일부 조항들이 사문화되어 가고 있습니다. 자유와 격변의 시기에 헨리 나웬은 다른 사제들에 비해 구속감을 덜 느낄 수 있었습니다. 그의 주교는 네덜란드에 있었고, 그 자신은 개신교 기관에 소속되어 있는 데다가, 미국의 어떤 교구나 수도회에도 묶여 있지 않았습니다. 그렇게 가톨릭 사제로서는 드물게 자유를 누릴 수 있었던 것입니다. 예일 대학교 신학부에서 그의 학생이었던 어느 개신교인이 전자 메일로 보낸 글을 소개합니다.

> 나는 예일 대학교 시절에 헨리를 만났습니다. 당시에 나는 폐쇄적이지는 않았지만 영적으로 낮은 단계에 있었습니다. 나는 헨리가

---

[3] 공개적으로 가톨릭교회를 비난하거나 하느님을 거부하는 사람 — 옮긴이.

지하 예배실에서 월요일부터 목요일까지 주관하던 미사에 참석하기 시작했습니다. 헨리는 금요일에는 미사를 드리지 않았습니다. 그날은 지역 봉사를 하러 가는 날이었기 때문입니다. 공동체와 교회일치에 대한 그의 생각에는 어떤 배타성도 없었습니다. 그래서 가톨릭 신자가 아니었던 나도 (저녁 식사 직전의) 그 미사에 편한 마음으로 참석했던 것입니다. 내가 영성체를 거절하자 헨리는 나중에 이유를 물었습니다. 가톨릭 신자가 아니기 때문이라고 대답했더니, 그것은 전혀 문제가 되지 않는다고 그는 대답했습니다. 그 후로 나는 그에게 호감을 느끼게 되었습니다. 헨리는 나에게 성체성사에 대해 가르쳐 주었고, 이 상처 입은 세상에서 성체성사가 얼마나 중요한지를 깨우쳐 주었습니다. 그 가르침은 지금까지도 잊을 수 없습니다.[4]

가톨릭교회와 개신교를 구별 짓는 뚜렷한 규칙을 따르지 않았기 때문에, 어떤 이들은 그에게 실망하기도 했습니다. 그러나 헨리가 의도적으로 규칙을 깨뜨린 데는 예수가 그랬던 것처럼 타당한 이유가 있었습니다. 즉, 더 큰 규칙을 위해서 작은 규칙을 깨뜨린 것입니다. 예수는 안식일에 병을 고쳐 줌으로써 비난을 당하면서도, 당신은 안식일보다 사람이 더 중요하다고 말씀하셨습니다. 이와 마찬가지로 헨리는, 모든 이를 위한 성체성사에서 누군가 제외된다면 그것은 너무나 뼈아픈 상처가 될 것이라고 생각했습니다. 그때까지 가톨릭교회는 세례성사에 대해서만 그런 입장이었는데, 헨리 나웬은 그것을 성체성사에까지 확대시킨 것입니다.

---

[4] Nancy Krueger of Menasha, 2001년 5월 29일에 Nouwen Literary Center 웹사이트(nouwen.org)에 올린 글.

후일, 그의 책이 널리 읽히고 그가 가톨릭교회뿐만 아니라 개신교에까지도 알려지고 유명해지자, 헨리는 더더욱 확실하게 교회일치적 입장을 취하게 됩니다. 마침내 그는 자신이 모든 공동체에 봉사하고 모든 그리스도인에게 설교하도록 부름 받았다는 깨달음을 얻습니다. 자신의 직무가 개신교인에게까지 확대되면서 그는 그리스도인으로서의 공통 체험을 발견하게 됩니다. 가톨릭 학생들과 신자들이 지닌 미덕, 약점, 믿음 등을 개신교인들도 똑같이 지니고 있었던 것입니다. 가톨릭 신자라고 해서 개신교인보다 더 나을 것이 없다는 사실을 그는 깨달았습니다. 그러므로 미사를 드릴 때, 다른 교파 사람에게 영성체를 허용하는 것이 하늘이 무너질 일은 아닌 것입니다. 오히려 오래전에 바오로가 말한 진리를 증명하는 셈이 되었습니다. "여러분은 모두 그리스도 예수님 안에서 하나입니다"(갈라 3,28). 이 진리가 오랜 세월에 걸쳐 헨리 나웬에게 점점 더 분명하게 다가왔습니다. 관대한 마음을 타고난 헨리는 이렇게 다양한 부류의 사람들을 더 많이 포용하게 되었고, 더욱더 교회일치운동에 매진하게 됩니다. 그는 사람들을 하나로 모아들이면서, 개신교와 가톨릭의 그리스도인들이 서로의 빛이 될 수 있도록 도와주었습니다.

그럼에도 불구하고 교회일치운동은 오늘날까지도 논쟁이 진행되고 있습니다. 어떤 신학자들은 가톨릭교회나 개신교가 상대방으로부터 '이질적인' 영향을 받아 각자의 성격이 희석되는 것에 대해 불만을 토로합니다. 간혹 논쟁 중에 상대방을 향해, '너무 개신교스럽다'거나 혹은 '가톨릭 쪽에 치우친 시각'이라고 한마디 함으로써 상황이 끝나 버릴 수도 있습니다. 그러나 같은 책을 읽고, 같은 음악을 듣고, 같은 학교에서 공부하고, 같은 세상에서 살면서, 개신교와 가톨릭의 그리스도인들은 서로를 점점 더 친근하게 느끼고 형제로 끌어안게 되었습니다.

헨리 나웬은 이 점을 누구보다도 예민하게 감지했습니다. 가톨릭교회에 대해 확신을 가진 사제였지만 고향을 떠나 살았기 때문에 유럽의 종교적 정서에 구애받지 않았습니다. 그는 개신교 국가인 미국에 대한 가톨릭교회의 가교 역할을 했습니다. 만연한 개신교적 분위기에 부담을 느끼지도 않았고, 모든 이를 기꺼이 받아들였습니다. 친절하고 관대한 마음으로 누구나와 가까이 지내고 그들에게서 배웠습니다. 그러다 보니 그의 지인들은 대부분 개신교인이었습니다. 그가 일찍이 몸담았던 사목 상담 운동도, 대개의 시민운동이나 예일 대학교 신학부에서처럼 거의 개신교인들이 주도하고 있었습니다. 어디에서나 개신교 정신을 발견할 수 있었습니다.

이렇게 개신교 분야에서 사목하면서, 헨리는 자신의 특별한 성격뿐만 아니라 가톨릭교회 성사의 순수한 면모, 풍요로운 수도 정신, 독신 생활, 깊은 영성 등 긍정적 측면도 함께 보여 주었습니다. 가톨릭교회는 개신교보다 문학, 예술, 철학, 역사 등에서 오랜 전통을 가지고 있습니다. 또 축제나 성인 공경 신심 등이 활발하고 그 밖에도 문화적 활동이 다양합니다. 헨리는 자신의 개신교 친구들이 이런 것들에 관심이 많고 갈증을 느끼고 있다는 사실을 알게 되었습니다.

그러므로 그가 성체성사를 거행할 때, 단순히 개신교인이 참석한 가톨릭 미사 전례로만 보아서는 안 됩니다. 이 순간, 영적인 두 공동체 사이에 깊은 일치가 이루어집니다. 헨리 나웬 같은 이들을 통해 그리스도께서는 당신의 갈라진 가족을 같은 식탁으로 불러 모으십니다. 헨리가 믿고 존경하는 두 친구, 어린이 텔레비전 프로그램 '로저스 씨의 이웃'의 프레드 로저스와 라르슈의 창설자 장 바니에, 이 두 사람 모두 다음과 같이 말한 바 있습니다. "헨리는 성체성사를 나눔으로써 교회일치운동에 크게 공헌했습니다."[5] 다음은 장 바니에의 말입니다.

헨리는 성체성사에서 자신의 충만함을 발견했습니다. 그는 성체성사를 사랑했고 모든 사람이 참여하기를 원했습니다. 다른 교파 사람들에게는 성체 분배를 하지 말아야 한다는 가톨릭의 규칙을 종종 어긴 것도, 그 자리에 함께한 사람들 모두가 예수를 만나게 되기를 바랐기 때문입니다. 그는 축성된 빵과 포도주에 예수께서 참으로 현존하신다고 굳게 믿었습니다. 헨리에게 성체성사는 너무나 소중한 것이었습니다. 그래서 그는 타고난 능력으로 성체성사를 의미 있게 만들었고, 그것이 우리의 삶과 어떻게 결합되어 있는지를 보여 주었습니다.

미사가 끝나면 그는 제대 주위를 돌아 모두에게 손을 흔들며 사람들 가운데를 지나 퇴장했습니다. 이런 행동 때문에 분심이 든다고 생각하는 사람도 있겠지만, 이 모든 행위가 사람들을 예수 그리스도 주위로 모으려는 강한 염원의 표현이었습니다. … 그는 일치를 가져다줄 수 있는 카리스마를 지닌 사람이었습니다. 자잘한 차이나 모순 따위에는 개의치 않으면서 상황과 사람의 본질을 보려 했고, 거기서 더 깊은 일치를 발견했습니다. 다양한 배경을 가진 사람들이 늘 깨어 있는 정신으로 내적 여정을 수행하면서 예수를 만나고, 또 스스로에 대한 신뢰를 회복하여 자신의 창조성과 직관을 깨닫도록 도움으로써, 헨리 나웬은 20세기의 가장 위대한 교회일치주의자 가운데 한 사람이 되었습니다.[6]

◀5 Fred Rogers, "In the Journey, We Need Friends", in Christopher De Vinck, ed., *Nouwen Then: Personal Reflections on Henri* (Grand Rapids, Mich.: Zondervan 1999) 78.

6 Jean Vanier, "A Gentle Instrument of a Loving God", in Beth Porter, ed., *Befriending Life: Encounters with Henri Nouwen* (New York: Doubleday 2001) 262-263.

헨리 나웬은 교회일치주의자였습니다. 그는 사람들을 자기 주위에 모아들여 하나로 묶었습니다. 논쟁이나 강압에 의해서가 아니라, 그저 자신의 직무를 개인적으로 충실히 수행함으로써 가능한 일이었습니다. 장 바니에가 앞에서 언급했듯이, 그는 '상황과 사람에게서 본질을 보려 했습니다'. 이 말은 매우 중요합니다. 과학이나 수학에서 인정받는 명제들은 모두 간단하고 명쾌합니다. $E = mc^2$처럼, 오묘한 진리일수록 오히려 단순한 공식으로 표현되기도 합니다.

그런데 단순한 시각으로 사물을 보기란 쉽지 않은 일입니다. 그래서 상황과 사람의 본질을 보아야 하는 것입니다. 이것이 우리가 헨리 나웬에게서 배울 만한 또 다른 특성입니다. 그는 지난 2천 년 동안 전해 내려온 전통을 대부분 수용하면서, 성체성사에서 예수 그리스도가 우리와 함께 잔을 들고 빵을 쪼개시는 장면으로 돌아가 그 의미를 탐구함으로써, 우리에게 성체성사에 대한 새로운 가르침을 전해 주었습니다. 성체성사는 하느님의 사랑과 세상과의 우정에 관해 알려 주는 중요한 성사입니다. 헨리 나웬은 장애인 친구들에게도 이것을 이해시켜 주었습니다. 이미 성체성사를 잘 알고 있는 사람들에게도 새롭게 영향을 미치며 그들의 신앙에 활기를 불어넣어 주었습니다.

하느님 식탁

성체성사는 예수 그리스도를 체험하기 위한 성사임에도 불구하고, 그 의례들은 오히려 예수를 더욱 멀리 있는 존재로 느끼게 했습니다. 반복되는 예식과 기도문은 지루해지고 소박함은 사라졌습니다. 그래서 헨리는 우리를 일깨워 주려 합니다. "우리는 성체성사의 단순한 아름다움을 잃어버렸습니다. 제의, 초, 제대 봉사자, 커다란 책, 추켜올린 팔, 넓은 제대, 성가, 사람들 … 이 모두가 단순함과 평범함을 잃고 불분명해졌습니다. 예식을 진행하고 의미를 이해하려면 안내서가 필요한 형편입니다."[7]

  수세기에 걸쳐 덧칠된 번지르르한 외양은 그 본연의 의미를 가려 버렸습니다. 하느님을 찾기 위해서는 단순함과 평범함으로 돌아가야 한다고 헨리 나웬은 말합니다. 그리고 바로 그곳에 하느님이 계십니다.

> 성체성사는 가장 평범하면서도 신적인 행위입니다. 이것은 예수가 전해 준 것입니다. 너무나 인간적이면서 한편으로 너무나 신적입니다. 대단히 친숙하면서도 신비롭습니다. 섬세하면서도 무한합니다. … 우리에게 가까이 오고자 하시는, 당신과 우리 사이에 그 무엇도 끼어들어 갈라놓을 수 없을 만큼 가까이 오시어 눈으로 직접 보고 손으로 만지게 되기를 바라시는 하느님의 성사입니다.[8]

성체성사에 관한 나웬의 가르침을 한마디로 하면 이렇습니다. 성체성사는 생명에 감사드리는 축제입니다. 우리는 성체성사의 신적 초월성은 물론이거니와 그 꾸밈없고 인간적인 속성을 보아야 합니다. 그것은 단순하고 인간적인 행위로써 인류와 그들의 노고와 지구상의 모든 비극을 아우릅니다. 사람들은 날마다 함께 음식을 먹고 마시기 위해 친구나 가족과 함께 식탁에 모입니다. 이웃과 낯선 이들을 맞아들여 축제를 열고 식탁에 둘러앉아 문제를 해결하기도 합니다. 함께 음식을 나누는 자리에서 우리는 삶을 깊이 성찰하고 그 의미를 발견할 수 있습니다. 식탁은 조화와 일치의

---

7 Nouwen, *With Burning Hearts*, 65-66.
8 같은 책, 67.

장소입니다. 식탁은 친교, 즉 이 세상과 사람들과 함께 생명을 나누는 행위를 상징합니다. 우리 곁에서 함께 음식을 나누어 먹는 사람들은 우리로 하여금 자신의 삶과 인간됨을 올바르게 인식하도록 도와줍니다. 우리는 식탁에서 음식을 나누어 먹으면 한층 더 가까워집니다. 친교 예식을 함께 나눔으로써 우리의 관계는 변화합니다.

예수께서 주관하시던 식탁은 우리의 식탁과 매우 닮았습니다. 예수는 우리를 친구로 맞아들이시고, 우리의 생명을 유지시켜 주시며, 친교의 기초를 형성하는 빵과 잔을 마련해 주십니다. 함께 먹고 마심으로써 우리는 새로운 관계 속으로 들어가고, 예수와 하느님 아버지와도 크나큰 친교를 나눕니다. 그리고 서로 경계를 늦추게 됩니다. 이 단순한 체험에서 우리는 예수와 조화를 이루는 것은 물론, 하느님의 식탁에 초대받은 모든 사람과도 조화를 이룹니다. '인간 노력의 결실이며 포도나무의 열매인' 빵과 포도주는 모든 피조물의 노력과 그 결실을 아우르는 일치와 조화의 결정체입니다. 감사 기도를 바치며 빵과 포도주를 들어 올릴 때마다 모든 피조물은 새로이 축복을 받습니다. 우리 모두는 저마다의 성공, 슬픔, 불안, 소망을 안고 식탁에 모입니다. 성체성사는 우리의 삶에 대한 탐구이며 축복입니다. 삶을 자세히 들여다보고 위안을 얻는 자리입니다.

그런데 이 성사의 개인적 의미는 종종 무시되어 왔습니다. 미사에서는 성체성사의 공적·조직적 특성만 너무 강조되었기 때문에, 개개인 삶과의 연관성을 찾기란 쉽지 않았습니다. 이 균형과 조화를 헨리 나웬이 이루어 낸 것입니다. 식탁에 앉아 잔을 들 때, 우리는 분노와 소외감을 뒤로 하고 참여와 감사에로 나아가게 됩니다. 이것은 개인적이고 개별적인 여정입니다. 우리 각자에게는 자신이 마실 잔, 자신의 삶, 자신이 걸어가야 할 길이 있습니다. 성체성사는 우리들 각자의 영적·개인적 체험을 표현하기 위한 매개체가 될 수 있고 또 그렇게 되어야 합니다. 잔을 축복하기 전에 우리는 그것을 들어 올려 우리가 누구인지, 하느님께서 우리에게 무엇을 요구하시는지 생각합니다. 잔에 담겨 있는 것은 우리 각자의 삶이고 저마다의 특별한 상황입니다. 우리가 스스로의 운명을 받아들이는 것, 삶을 충실히 사는 것, 그 안에서 의미를 발견하는 것 모두 "너도 이 잔을 들겠느냐?"라는 예수의 물음에 대한 응답인 것입니다.

단순하고도 놀라운 이 가르침은 무수히 많은 그리스도인을 하느님께로 가까이 이끌었고 성체성사에 대해 새롭게 이해하도록 도와주었습니다. 이론의 여지가 없을 만큼 매력적인 가르침입니다. 헨리 나웬이 가톨릭교회의 가르침을 따르지 않았다는 반발이 제기될 때마다, 그는 특별한 상황에서 사제가 임의로 변경하여 사목하는 것을 허용한 교회법을 제시해야 했습니다. 물론 다른 교파 사람들에게 영성체를 해 주도록 그가 장려하거나 권장한 것은 결코 아닙니다. 다만 그가 사목하던 시기에 복합적 그리스도교 집단에서 미사를 집전하면서 자연스럽게 일어난 일일 뿐입니다. '새벽' 공동체의 개신교인들에게 영성체를 허용하는 문제에 관해 이의가 제기되었을 때 헨리는, 가톨릭과 개신교를 떠나 장애인들에게 가장 적합한 특수사목의 필요성을 토론토의 주교에게 건의하기도 했습니다.

세월이 흐른 뒤, 함께하는 그리스도교 공동체를 이루는 데 선구자적 역할을 했다는 사실에 헨리는 만족하는 듯했습니다. 하나 된 믿음을 구체적으로 실현함에 있어, 즉 '갈라진 형제들'과 밀접한 유대를 형성하는 데 있어 그 어떤 방법보다 그의 조용한 소신이 큰 성과를 거둔 것입니다. 갈라진 형제자매란 애당초 헨리의 사전에는 존재하지 않는 말이었습니다. 하느님의 식탁과 헨리 나웬의 삶에서는 모두가 환영받는 존재였습니다.

5
언제나 예수를 마음 안에

새로운 가르침

적지 않은 약점에도 불구하고 헨리 나웬의 삶과 가르침은 우리를 매혹시킵니다. 그는 변함없는 믿음으로, 주님이신 예수 그리스도에 대해 스스로 체험한 바를 다른 이들에게 전해 왔습니다. 그는 자신의 삶을 통해 통찰력, 창조성, 카리스마 같은 타고난 재능을 기꺼이 보여 주었습니다. 수많은 사람을 예수께 더욱 가까이 다가갈 수 있도록 도와주었습니다. 개신교 신자들 중 상당수는 책을 통해 예수 그리스도에 대한 그의 깊은 믿음에 매료되었습니다. 마크 해트필드Mark Hatfield 상원 의원도 헨리 나웬의 팬이자 독자였습니다.

나는 포틀랜드의 한 서점에서 그리스도교 서적들을 훑어보며 토요일 오후 시간을 보내고 있었습니다. 그때 나의 관심을 끄는 책 한

권이 있었습니다. 너무나 친근하고 애정 어린 말투로 주님에 대해서 이야기하는 저자 덕분에, 금방이라도 예수 그리스도라는 인물이 책에서 튀어나와 다정하고 따뜻하게 나를 안아 주실 것만 같았습니다. 나는 궁금해졌습니다. 이 저자가 누구일까? 이렇게 솔직하고 근사하게 주님에 대해 이야기하는 헨리 나웬이라는 사람은 도대체 누구일까?[1]

헨리 나웬은 나자렛 출신인 그분의 공동체로 걸어 들어가 일생의 여정을 함께하면서 참된 우정의 신비한 힘을 체험했습니다. 그렇다고 해서 그분과의 관계가 항상 완벽한 조화를 이룬 것만은 아닙니다. 때때로 헨리는 그 모습을 분명히 드러내지 않는 예수 그리스도 때문에 당혹스러워했던 것 같습니다.

> 부모와 친구들과 선생님들을 통해 예수를 알게 되었고 일생 동안 그분을 따르고자 쉼 없이 노력해 왔습니다. 헤아릴 수 없이 많은 시간을 들여 성경을 연구하고, 강의와 강론을 듣고, 신심 서적을 읽었습니다. 예수는 내게 아주 가까우면서 동시에 아주 멀리 계신 분이었고, 나의 친구이면서 동시에 낯선 분이었습니다. 당신은 나의 소망의 근원이자, 두려움과 죄책감과 수치심의 근원이기도 했습니다.[2]

---

[1] Mark Hatfield, "Introduction", in Henri Nouwen, *With Open Hands* (New York: Ballantine 1972) 7.

[2] Henri Nouwen, *Beyond the Mirror* (New York: Crossroad 1990) 47.

여기에 진실이 담겨 있습니다. 진실한 우정이 대개 그러하듯이 그는 예수와의 관계가 항상 쉽거나 기쁘지만은 않았음을 분명히 밝히고 있습니다. 언제나 예수께만 온전히 충실했던 것도 아닙니다. 예수께로 향했던 초점이 다른 흥미로운 것들로 옮겨 가기도 했노라고 그는 고백한 적 있습니다. 그러나 되돌아보면 언제나 예수께서 그의 중심에 함께 계셨음을 알 수 있습니다.

> 내가 추구하는 모든 상황의 중심에 언제나 예수 그리스도가 함께하고 계셨음을 깨닫는단다. 누가 만일 나에게 단도직입적으로 "영적으로 산다는 것이 당신에게는 어떤 의미가 있습니까?"라고 묻는다면 나는 "예수님을 중심으로 사는 것입니다"라고 대답할 것이다. 끝없는 의문, 문제거리, 토론, 난관 들이 나로 하여금 항상 주의를 집중하도록 만든단다. 그럼에도 불구하고 지난 30년을 돌이켜볼 때, 예수는 내게 더할 수 없이 소중한 존재가 되었노라고 말할 수 있다. 그분을 알아 가고 그분과 더불어 사는 것만이 중요해져 버린 것이지. 한때 교회 문제나 사회 문제에 열중하느라 삶이 온통 따분하고 기나긴 논쟁으로 가득 찼던 때가 있었다. 예수는 아예 뒷전으로 밀려났었지. 그분마저 여러 가지 문제들 가운데 하나로 전락해 버렸던 셈이란다. 다행히도 그 상태는 오래가지 않았고, 예수는 다시 앞으로 나오며 물으셨다. "그러면 너는 내가 누구라고 생각하느냐?" 나와 그분과의 인격적 관계가 내 존재의 중심이라는 사실이 그 어느 때보다 분명해졌단다.[3]

---

3 Henri Nouwen, *Letters to Marc about Jesus* (New York: HarperCollins 1987) 7.

헨리 나웬은 참으로 예수를 중심에 모시고 살았습니다. 때로는 게으름과 실망으로 관계가 불안정하고 소원해지기도 했으나, 결국에는 더욱 견고하고 활기 넘치는 관계로 돌아왔습니다. 그는 예수에 대해 더욱 많이 생각하며 많은 글을 썼고, 그 누구도 말해 주지 않은 것들을 우리에게 알려 주었습니다. 그로부터 성체성사에 관해 중요한 점을 배웠던 것처럼 예수에 대해서도 새로운 점을 배우게 될 것입니다. 그는 어떤 새로운 눈으로 예수를 보게 되었을까요? 또 그가 예수에 관해 전해 주려 한 것을 무엇일까요?

어둠을 뚫고

앞에서 인용한 글은 헨리가 1986년에 쓴 것으로, 네덜란드에 있는 조카 마르코 반 캄펀Marc van Campen에게 쓴 편지입니다. 대단히 인상적인 이 편지 글들은 『예수, 내 인생의 의미 — 마르코에게 보내는 편지』Letters to Marc about Jesus라는 제목의 책으로 출판되었습니다. 나는 이 글들이 헨리의 삶에 있어 예수께로 돌아오는 전환점이 되었다고 생각합니다. 그 후의 삶은 계속해서 새롭게 변화하며 풍성한 결실을 맺었기 때문입니다. 이 무렵 헨리는 하버드 대학교에서 두 해째 영성 강의를 맡고 있었고, 나 역시 그 전해부터 그의 조교로 일하고 있었습니다.

늘 그렇듯이 그때도 헨리 주변은 바람 잘 날이 없었고, 사람들의 기대는 점점 높아만 갔습니다. 이때는 그가 학교에서 독립된 사택에 기거하고 있었는데 학생들이나 손님들과 만날 일이 아주 많았습니다. 손이 큰 사람이었던 헨리는 요리사를 고용했고, 자기 집을 접대하고 기도하는 장소로 개방했습니다. 조교들과 함께 강의 계획을 짜고 토론하다 보면 시간이 늦어지곤 했는데, 그럴 때면 경당에서 함께 기도한 뒤 식사를 하면서 대화를 이어 가곤 했습니다. 하버드에서 헨리는 진정한 영적 공동체를 이루어 나 갔고, 그의 식탁은 항상 손님들로 북적거렸습니다.

우리는 수업의 진행과 행정적인 문제도 의논해야 했습니다. 우선 큰 문제는 수강 인원이었습니다. 헨리의 강좌를 듣겠다는 학생들이 넘쳐났기 때문입니다. 신학부뿐만 아니라 하버드의 여타 학부와 근처 신학교에서도 학생들이 몰려왔습니다. '영성 생활 입문'은 당시 신학교에서 가장 인기 있는 강좌였습니다. 빗발치는 항의에도 불구하고, 신학부의 가장 큰 강의실에서 수용 가능한 인원으로 제한해야만 했습니다.

두 번째 해의 강의를 계획하면서 헨리는 전년과 다른 것을 하고 싶어 했습니다. 당시 그는 루카 복음서에서 요한 복음서로 나아가고 있었습니다. 구태여 애매하게 표현하지는 않았지만, 그는 자신의 변화를 내게 일깨우려 했던 것 같습니다.

마르코 복음서나 다른 복음서들이 구세주로서의 예수를 서서히 선포하고 있다면, 요한 복음서는 있는 그대로 선언하는 것처럼 보입니다. 신비롭고도 단호한 요한 복음서의 메시지는 다른 복음서와 확연히 구별됩니다. "한처음에 말씀이 계셨다. 말씀은 하느님과 함께 계셨는데 말씀은 하느님이셨다"(요한 1,1). 이것은 이해하기 어렵거나 모호한 선언이 아닙니다. 이 서언序言이 참이라면, 예수는 이 세상에 태어나기 전부터 이미 하느님이셨습니다. 다른 복음서들은 첫 문장부터 그렇게 단호한 어조로 선언하듯 시작하지는 않습니다.

요한 복음서에서 예수는 하늘에서 오신 분으로 표현됩니다. 요한의 눈에는 이 '가장 중요한' 그리스도론을 받아들이는 것이 그리스도인의 친교와 믿음의 기준이었습니다. 유다인들은 이 충격적 메시지를 받아들이기 어려웠을 것으로 대부분의 학자들은 추측합니다. 이런 메시지를 선포하는 유다 그리스도인은 예외 없이 시나고그에서 제명되고 말았습니다. 이런 배경에서 보면, 네 번째 복음서에 간헐적으로 드러나는 상처 입은 듯 비통한 어조를 이해하기 쉬울 것입니다. 때때로 이렇게 상처 입은 어조를 보이기는 하지만, 요한 복음서는 하늘에서 이 땅으로 내려오신 하느님의 아들(구세주가 아니라)에 대한 심오하고 원대한 통찰력을 제시합니다.

요한이 살던 1세기의 독자들은 예수에 대한 이런 식의 (절대적으로 신성한) 해석을 거부하기도 했습니다. 물론 하버드에서도 쉬운 과목은 아니었습니다. 하버드 대학교 신학부는 유니테리언파에서 세운 학교로, 세계 각지에서 모여든 사람들을 관용과 인내로써 포용하는 귀감이었습니다. 그리고 상대적으로 당시 주류를 이루는 사람들에 대해서는 그다지 관용적이지 못했습니다. 거만한 승리주의자처럼 보이는 것을 지양했기에 하버드에서 그리스도교 예식은 좀처럼 거행되지 못했습니다.

소수의 입장을 고려하고 지지하는 이런 태도는 간혹 부정적 인상과 의혹을 불러일으키기도 했습니다. 그래서 이따금 하버드 대학교 신학부는 기묘한 분위기의 온실처럼 느껴지곤 했습니다. 당연히 논의되어야 할 주제들마저도 누군가의 심기를 건드릴 수 있다는 이유로 거부되었습니다. 실로 하버드에는 예민하고 정치적으로 올바른 사람들이 많았기 때문에 여기서 살아남으려면 이들을 주의해야 했습니다.

이미 60대에 이른 헨리는 급진 정치나 학구적인 문화가 낯설지 않았기 때문에 하버드 신학부를 있는 그대로 보는 데 어려움이 없었습니다. 그도 처음에는 학교의 다원주의 문화에 대해 개방적이고 유화적인 자세를 취했습니다. 첫해에는 아무 말 없이 침묵의 규정에 따랐지만 다음 해에는 달랐습니다. 그는 자신의 그리스도교적 신념을 전파하는 데 더 이상 주저하지 않겠다고 결심합니다. 그는 예수 그리스도를 그리스도인 영성의 중심으로 여겼고, 그 생각을 더욱 분명한 목소리로 전달하기 위해 요한 복음서를 택한 것입니다. 그리고 이 두 번째 해에 헨리가 단도직입적으로 (게다가 강력하게) 목소리를 냄에 따라 피할 수 없는 후폭풍이 따라왔습니다. 보스턴 인근의 가톨릭교회, 복음주의파 학교, 그 밖의 신학교에서 온 학생들은 그의 강의에 환호했지만, 하버드 대학교 학생들 상당수는 몹시 불쾌해했습니다. 그들은 그토록 확신에 가득 차서 예수를 말하는 사람을 본 적이 없었기 때문에 헨리를 '영적 제국주의자'라고 비난했습니다.

이런 반응에 헨리는 놀라고 슬퍼했습니다. 아마도 그는 여느 때처럼 자신의 매력과 열정이 모두에게 통하리라고 기대했을 것입니다. 그는 "영적 제국주의가 뭐지?" 하고 나에게 물었습니다. "학생들이 생각하는 영적 제국주의는, 영성이라는 아름다운 도구로 다른 사람들을 지배하고 조종하려는 나쁜 제국주의를 말하는 것 같습니다"라고 나는 대답했습니다. 뜻밖의 반응들에 그는 당혹스러워했습니다. 그는 마틴 루터 킹Martin Luther King의 견해에 동조하고 있었고, 또 해방신학의 아버지 구스타보 구티에레즈Gustavo Gutierrez의 조언에 힘입어 하버드에 온 사람입니다. 스스로를 대담한 교회일치주의자이자 가난한 이들의 벗으로 여기는 그가, 하버드에서는 건방지고 정치적으로 올바르지 못한 사람으로 취급당한 것입니다. 헨리는 이해하기 어려웠겠지만, 그는 유럽 문화와 그리스도교 신앙을 대변하는 백인이었기 때문에 하버드의 학생들 상당수는 그를 문제의 해결책이 아니라 문제의 일부로 보았습니다. 그래서 사람들은 예수나 복음에 관해 그가 말하는 것을 믿지 않았던 것입니다.

계속되는 항의에 직면하면서 헨리는 조금씩 변하는 것 같았지만 어디까지나 겉모습뿐이었습니다. 다른 사람들의 인정을 받는 것이 어렵게만 느껴지고 불편한 마음이 커져 갔습니다. 무엇 하나 제대로 되는 것이 없었습니다. 하버드를 떠난 후 그는 이런 글을 쓴 적이 있습니다. "하버드 시절에 대해 애석한 느낌은 없습니다. 신학부에 몸담고 있기는 했지만 실제로는 완전히 일반 대학교 분위기 속에서 지냈던 것 같습니다. 예수에 대해 말하면서 기쁨과 두려움을 동시에 체험한 적도 있습니다."4

기쁨과 두려움의 시간이었습니다. 하버드에서 헨리는 자기 자신과 복음에 충실하고자 마음을 다잡으면서도, 다른 사람으로부터 인정받고 그들의 마음에 들고자 부단히 노력했습니다. 일이 잘되어 가도록 열심히 노력했고 모든 사람에게 손을 내밀었습니다. 하지만 그에게 돌아온 것은, 모든 사람으로부터 이해받을 수는 없다는 쓰라린 현실 인식이었습니다. 강좌가 끝나 갈 무렵, 헨리는 심각한 우울증에 이르렀습니다. 그는 스스로의 모든 것을 의심하고 있었습니다.

예수를 따르고 하버드에서 자신의 신념을 따르고자 한 결심은 결국 그리스도를 더욱 깊이 체험하기 위한 무의식적 선택의 작은 부분이었을 따름입니다. 종신직이 보장된 대학교를 떠나는 것은 커다란 모험이었지만, 진지하고도 간절하게 자신의 참된 소명을 찾고자 노력했습니다.

종착지를 알 수 없는 길 한가운데서 헨리는 서성이고 있었습니다. 앞으로 나아가고 있는지, 아니면 미쳐 가고 있는지 알 수 없었습니다. 그러나 어둠이 짙을수록 다가올 빛은 눈부신 법입니다. 그는 크나큰 깨달음과 변화를 맞이하고 있었습니다. 이 위기의 시기는, 몇 년 후 그의 작품에서 드러날 그리스도교 믿음의 본질에 대한 깊은 통찰력을 기르는 기간이 되었습니다.

---

4 Henri Nouwen, *The Road to Daybreak* (New York: Doubleday 1988) 22.

낮은 곳으로

하버드에서의 마지막 강좌는 헨리 나웬의 학문적 이력을 빛내 주었고, 예수에 대한 성숙한 통찰력을 구체적으로 보여 주었습니다. 그 후로 그의 사고와 영성에서 예수의 비중은 커져만 갔습니다. 1985년, 하버드에서 헨리는 요한 복음서가 이상하리만치 일관되게, 아래로 향하는 길을 이야기하고 있음을 발견하면서 그리스도교가 그것을 어떻게 받아들여야 하는지도 깨닫게 되었습니다. 요한 복음서는 또한 배척받을 것에 대해서도 분명히 서술하고 있습니다. 예수는 말씀하십니다.

> 세상이 너희를 미워하거든 너희보다 먼저 나를 미워하였다는 것을 알아라. 너희가 세상에 속한다면 세상은 너희를 자기 사람으로 사랑할 것이다. 그러나 너희가 세상에 속하지 않을 뿐만 아니라 내가 너희를 세상에서 뽑았기 때문에, 세상이 너희를 미워하는 것이다
> (요한 15,18-19).

그는 예수께서 당하신 굴욕을 더 잘 이해하게 되었습니다. 거부당한 체험, 실패했다는 생각은 착각이나 우연이 아니었습니다. 그것은 복음서 그대로였습니다. 배척당하고 하찮게 여겨지는 체험 안에서도 하느님은 언제나 그와 함께 계셨습니다.

  그의 앞에 놓인 길은 오르막이 아니라 내리막길이었습니다. 더 이상 하버드 대학교의 교수도, 국제적 중재자도, 유명 인사도 될 수 없다는 점에서 내리막길이 분명했지만, 하느님은 언제나 그와 함께 계셨습니다. 이제 그는 빈센트 반 고흐가 서 있던 너른 들판에 햇볕을 받으며 서 있습니다.

그렇게 하루하루 삶을 꾸려 나가며 자신 안에서 새롭게 변화하는 예수 그리스도의 복음을 받아들였습니다.

진리를 이해하고 진리에 대해 이야기하려고 노력하면서, 헨리는 자기가 경험한 바를 바탕으로, 복음이 어떻게 그를 비롯한 다른 사람들의 삶에 영향을 줄 수 있는지에 초점을 맞추었습니다. 미국에서는 세속적 가치가 확연하게 널리 퍼져 있었습니다. 그 무엇보다도 성공과 돈이 중요해졌습니다. 인생에서 예수는 아무것도 아니라고 여기는 사람들이 있는가 하면, 확실하다고 믿어 온 복음을 의심하는 사람도 생겨났습니다. 헨리는 이 모두가 진리가 아님을 알았습니다. 하느님께서 어디로 앞장서 가시는지 보아야 합니다. 강생하신 하느님께서 낮은 데로 내려가시는 것을 보아야 합니다. 복음서에 예수께서 길을 선택하시는 장면이 몇 군데 있습니다. 그분은 불가피한 상황에서 겸손하게 선택하셨습니다. 마르코에게 보내는 편지에서 헨리는 다음과 같이 말하고 있습니다.

> 복음서를 보면 예수께서 낮아지는 길을 택하신 것은 분명하다. 한 번 하신 것이 아니라 계속해서 그렇게 하셨지. 결정적 순간마다 그분은 의식적으로 낮은 길을 택하셨단다. 그분은 열두 살 때 이미 성전에서 율법 교사들과 이야기하고 묻기도 하셨지. 서른 살이 될 때까지 그분은 나자렛이라는 이름 없는 마을에서 부모님과 함께 지내며 부모님께 순종하셨다. 예수는 죄가 없으셨지만 죄인의 무리와 함께 요르단 강에서 요한에게 세례를 받으심으로써 공생활을 시작하셨다. 당신은 하느님의 권능을 가득히 지니시고도, 돌로 빵을 만들고 인기를 좇고 세상의 칭송을 받는 사람이 되는 것을 유혹으로 여기셨단다.

너는 예수께서 어떻게 작아지고 감추이고 가난해지는 것을 택하셨으며, 그리하여 다른 사람들에게 영향력을 행사하지 않으려 하셨는지를 깨달아야 한다. 그분이 행하신 무수한 기적은 고통받는 사람들에 대한 깊은 연민에서 비롯된 것이란다. 당신이 주목받기 위함이 결코 아니었지. 당신께 치유받은 사람들에게 그 사실을 퍼뜨리지 말라고 당부하기도 하셨다. 살아갈수록 예수는 고통당하고 죽으셔야 할 당신의 소명을 더욱 확실히 깨닫게 되셨단다. 이리하여 하느님은 점점 더 깊이 인간의 나약함으로 내려가심으로써 이 세상에 대한 당신의 사랑을 보여 주시려 했다는 사실이 분명해진다. 예수의 삶과 죽음에 대한 네 가지 이야기(네 복음서)를 보면, 하느님 아버지께서 부여하신 사명을 더욱 잘 깨닫게 되면서 예수는 그 사명이 당신을 더욱더 가난하게 만들 것임을 분명히 깨달으셨다는 사실을 알게 된다. 그분은 가난한 이들을 위로하셨을 뿐만 아니라, 당신 친히 가난한 사람이 되심으로써 위로를 주시고자 파견되셨다. 가난하게 되는 것은 단지 집과 가족을 버리고 떠돌이 신세가 되거나, 거듭 박해받는 것만을 의미하지는 않는단다. 친구를 잃고, 성공을 포기하고, 심지어 하느님 현존에 대한 인식마저 버리는 것을 의미하지. 마침내 예수께서 십자가에 매달리시어 큰 소리로 "나의 하느님, 나의 하느님, 어찌하여 저를 버리셨나이까?"라고 외치셨을 때, 그때서야 비로소 하느님께서 우리를 얼마나 사랑하셨는지 가히 어림잡을 수 있는 것이다. 바로 그 순간에 예수께서 가난의 정점과 하느님 사랑의 정점을 보여 주셨기 때문이다.[5]

---

5 Nouwen, *Letters to Marc about Jesus*, 44-45.

하버드에서 헨리는 거침없이 의견을 펼치며, 낮은 곳을 향하는 예수와 자신을 동일시하기 시작합니다. 예수가 겸손되이 아래로 향하는 길을 택하셨으며 우리를 그 길로 부르고 계시다는 점을 사람들은 미처 이해하지 못하고 있었습니다.

오해받고 거부당함으로써 헨리는 낮은 곳을 택한 예수와 자기 자신을 더욱 연관 지었는데 거기에는 다른 이유도 있습니다. 그는 라틴아메리카에서의 체험을 현실에 구체적으로 적용시키고자 했습니다. 그곳에서 얻은 교훈을 통해, 오늘날 복음을 구현하는 데 이 세상의 가난한 이들이 수행해야 할 역할을 더욱 확실히 깨달은 것입니다.

운 좋게도 헨리는 라틴아메리카에서 뛰어난 해방신학자들을 많이 만났고 그들의 사상에 매료되었습니다. 그리고 하버드에 그들을 알리고자 했습니다. 나는 아직도 그때 헨리에게서 받은 책 한 권을 가지고 있습니다. 라틴아메리카의 가난이라는 관점에서 영성을 탐구한 구스타보 구티에레즈의 『우리는 우리의 우물에서 물을 마신다』 *We Drink from Our Own Wells* 입니다. 헨리는 그 책의 영어 번역판 서문을 썼는데 여기서도 그는 예수를 발견했습니다.

새로운 경험을 통해서 헨리 나웬에게 복음의 의미는 더욱 분명해졌습니다. 헨리는 라르슈 공동체에 들어갈 준비를 하고 있었습니다. 장애인의 특별한 가치와 소명을 실현하는 라르슈 공동체는 헨리에게 깊은 인상을 주었습니다. 하느님은 참으로 복음을 더욱 깊이 받아 안고 이해하도록 그를 부르셨는데, 그것은 예수와 함께 아래로 내려가는 것을 의미했습니다. 이렇게 아래로 내려가는 길을 따르고자 복음서를 더욱 깊이 들여다볼수록, 헨리는 예수께서 당신을 따르도록 부르신 사람들에게 겸손을 받아들이고 권력에 대한 욕망을 버리라 하신 이유를 제대로 깨닫게 되었습니다. 그제야 비로소 가난한 사람들과 온전히 일치하는 체험을 하게 되었고, 그것은 낮은 데로 향하시는 그리스도와 일치하는 기본적 토대가 되었습니다.

이런 인식은 당시 사회의 일반적 분위기와는 사뭇 대조적이었습니다. 1980년대 중반, 미국 문화는 새로운 방향으로 나아가고 있었습니다. 이때는 레이건 대통령 집권기였는데 사회의 새로운 세력으로 '전문직의 대도시 젊은이들'이 등장하고 있었습니다. 이전 세대의 젊은이들이 극단적으로 창조적이고 이상주의적이었다면, 이 새로운 세대의 젊은이들은 환상을 포기한 현실주의자같이 보였습니다. 그들은 좋은 직업, 재산이 주는 안락함, 안전 등을 추구했습니다. 헨리 나웬은 이들 '여피'yuppie[6]에게서 발생할 수 있는 영적 빈곤에 관심을 가졌습니다. 그리하여 헨리는 이들을 거스르는 주장을 펼치는 예언자적 과업을 수행하게 됩니다.

이 새로운 생활양식을 비평하기 위해 그가 주목한 표현은 '위를 향한 움직임'이었습니다. '히피'hippie처럼 '여피'도 비하의 의미를 포함한 말이어서 사람들은 스스로를 그렇게 칭하기를 꺼려했지만 '위를 향한 움직임'이라는 표현은 꽤 그럴듯하게 들렸습니다. 더 높은 곳으로 올라가고 싶지 않은 사람이 누가 있겠습니까? '위를 향한'은 '유망한'처럼 낙관적으로 들립니다. 마치 올바른 방향으로 나아가고 있는 것처럼 느껴집니다. 현재의 처지에서 앞으로 나아가 더욱 좋아질 것만 같습니다.

헨리 자신이 유복한 중산층 출신이었지만 이런 풍조를 받아들일 수는 없었습니다. 그렇게 탄탄대로처럼 보이는 길은 하느님의 성령께서 가시는 길이 아니기 때문입니다. 세속에서 인정받고 부를 쌓게 되면 이어서 자연히 이기심, 고독, 질투, (존재 자체만으로는 사랑받을 수 없으리라는) 불안

---

[6] 미국의 전후(1940년대 말에서 1950년대 초)에 태어나 대도시 근교에 거주하는 부유하고 젊은 엘리트층 — 옮긴이.

등이 따라오게 됩니다. 가난하고 고통받는 사람들과 일치하려는 정신으로 그들을 향해 내려가는 것이야말로 하느님의 사랑을 실천하는 길이라고 헨리는 가르쳤습니다. '아래로 내려가는' 이 길은 해방을 의미합니다. 세속의 가치와 이기심과 욕망에 배치되는 이 길은 예수 그리스도의 길입니다. 겸손의 길, 십자가의 길, 죽음의 길입니다. 그리스도인, 특히 그리스도교 지도자는 반드시 이 길을 따라야 한다고 헨리 나웬은 생각했습니다.[7]

그는 일반적 흐름에 역행하는 것만으로는 순교가 될 수 없다고 생각했습니다. 다른 이들을 도우려는 사람의 정신이 허약해서도 안 된다고 생각했습니다. 그러나 약함과 강함은 더 이상 우리의 문제가 아닙니다. 하느님께 맡겨 드려야 합니다. 비천한 사람들, 영적으로 가난한 사람들과 일치하기 위해 내려갈 때, 우리는 예기치 않은 기쁨을 얻을 수 있습니다. 결코 부정적이거나 생명을 거부하는 것이 아니고 자기희생도 아닙니다. 들어 올려진 예수가 부활하고 승천하심으로써, 그분의 발자취를 따르는 모든 사람도 함께 변화하여 새로운 삶으로 인도되는 것입니다. 이것은 신비입니다. 우리가 예수와 함께 내려간다면 그분과 함께 승천하게 될 것입니다. 사실 세례는 우리가 죽음으로 내려가 새로운 생명으로 탄생함을 상징합니다. 성 바오로는 말합니다. "과연 우리는 그분의 죽음과 하나 되는 세례를 통하여 그분과 함께 묻혔습니다. 그리하여 그리스도께서 아버지의 영광을 통하여 죽은 이들 가운데에서 되살아나신 것처럼, 우리도 새로운 삶을 살아가게 되었습니다"(로마 6,4).

이 성경 말씀이 사실이라면 그리스도와 함께 아래로 내려간다는 헨리 나웬의 묵상은 새로운 것이 아닙니다. 이 정신은 오랜 세월 동안 신약성

---

[7] Henri Nouwen, *In the Name of Jesus: Reflections on Christian Leadership* (New York: Crossroad 1991) 참조.

경, 수도 정신, 선교회 정신, 수많은 그리스도교 문헌과 활동의 근간이었습니다. 그런데 세월이 흐르면서 거대하고 불균형한 시장 원리에 입각한 사회가 도래하자, 부와 권력이 가장 중요한 가치가 되었습니다. 이 사회에서 그리스도인의 위치는 애매모호해져 버렸습니다. 수입과 지출을 따지느라 바쁜 중산층 사람들에게 아래로 내려가라는 가르침은 자기들과는 상관없는 성인들의 이야기로만 여겨졌습니다.

아래로 내려가자고 사람들에게 제안하면서 헨리 자신도 실제로 그렇게 살기 위해서는 복음에 대한 충실성, 통찰력, 간절한 원의가 필요했습니다. 만약 헨리가 자신이 말한 바를 실천하지 않았다면, 아래로 내려가는 삶과 예수에 대한 그의 가르침에 나는 관심조차 없었을 것입니다. 헨리는 이 모든 것을 실천에 옮겼습니다. 그가 돈과 명예를 기꺼이 내던지고 비천한 사람들을 끌어안는 모습을 나는 수없이 보았습니다.

복음을 살기

헨리 나웬의 거짓 없는 겸손, 자신의 지위나 욕심에 연연하지 않는 태도는 그 자체로 큰 가르침이었습니다. 그는 아주 개방적인 마음을 가지고 있었고 꾸밈없었습니다. 길에서 우연히 만난 사람에게 자기 책을 주거나 나중에 편지를 보내는가 하면, 다양한 계층의 사람들에게 지속적으로 꽃을 보내기도 했습니다. 돈이 꼭 필요한 사람들, 뜻있는 기획안을 들고 온 사람들을 지원해 주었습니다. 환자에게 힘을 북돋아 주기 위해 비행기를 타고 날아가기도 했습니다. 이토록 비범한 관대함은 그가 세상에 전해 준 크나큰 선물 가운데 하나였습니다. 이처럼 그는 많은 사람에게 기쁨과 자유와 활기를 불어넣어 주었습니다.

헨리가 죽은 뒤에 친구들은 그의 비범한 행동에 대해 이야기를 많이 나누었습니다. 심리학 교수인 존 도스 산토스는 1966년에 헨리를 만나러 노트르담에 갔던 일화와 1982년에 멕시코시티 공항에 갔던 이야기를 들려주었습니다.

당시 헨리는 멕시코의 쿠에르나바카Cuernavaca에서 스페인어를 공부하고 있었습니다. 그가 쿠에르나바카발發 비행기에서 내렸을 때 산토스와 그의 아내는 헨리가 입은 옷 말고는 아무것도 가져오지 않은 것을 보았습니다. 쿠에르나바카에서 도움이 필요한 누군가를 만나 가진 것을 몽땅 주고 온 것입니다.[8] 제3세계나 멕시코 일부 지역을 여행할 때는 준비에 철저해야 하는 것이 너무도 당연한 일입니다. 그래서 (나눔의 정신을 보여 주는) 이 일화가 내게는 더욱 인상적이었습니다.

우리는 대개 가난한 이웃을 보아도 나와는 상관없는 일이라고 생각합니다. 매정하기는 쉬워도 친절하기는 어렵습니다. 그래서 헨리가 멕시코라는 낯선 환경에서조차 몸에 걸친 옷만 빼고는 남에게 거리낌 없이 다 주어 버렸다는 사실이 더욱 놀랍게 느껴지는 것입니다. 누가 속옷을 가지려고 하면 겉옷까지 내주라는 복음 말씀 같기도 하고, 어쩌면 내가 알고 있는 헨리의 모습 그대로인 것 같기도 했습니다.

낮은 곳으로 내려가는 데 있어서 헨리가 직면한 큰 유혹 가운데 하나는, 아마도 높은 지위에 있는 사람들이 그에게 보인 관심이었을 것입니다. 때때로 저명인사나 부자가 헨리에 대한 이야기를 듣고 그를 초청하기도 했습니다. 헨리도 그들과 시간을 보내는 것을 즐거워했습니다. 미국의 성직자 가운데 가장 성인다운 사람이었던 버나딘Bernadin 추기경이 임종을 앞두

---

8 John Dos Santos, "Remembering Henri", in Beth Porter, ed., *Befriending Life: Encounters with Henri Nouwen* (New York: Doubleday 2001) 198.

고 헨리에게 영적 위로를 청했을 때, 그토록 고결한 사람에게서 도움을 요청받았다는 사실에 대해 헨리는 자랑스러워했습니다.

요직에 있는 사람들과 사귀며 멋진 장소를 방문하는 것을 즐거워하면서도 결코 그것 때문에 우쭐해하지는 않았습니다. 자신에게로 향하는 관심과 환호에도 불구하고 낮은 데로 향하는 기본 정신에는 변함이 없었고, 누구에게나 똑같이 개방적이었습니다. 그는 놀라운 유연성으로 편견 없이 모든 이를 대했습니다. 비천한 사람이든 지위가 높은 사람이든 어느 한쪽하고만 친하게 지내지는 않았습니다.

유연하고 그리스도인다운 삶의 실천으로, 그는 하버드를 떠나 라르슈의 '새벽' 공동체로 갔습니다. 이것이야말로 진정 낮은 데로 내려간 것입니다. 활기 넘치고 지적인 환경으로부터 떠나와 (라르슈의 동료였던 수 모스텔러 수녀의 표현에 따르면) '거동이 불편한 가난한 사람들, 그가 책을 썼는지도 모르고 설사 알았다 해도 읽을 수 없는' 그들과 더불어 살았습니다.[9] '새벽' 공동체가 지적으로는 불모지였을지 몰라도 다른 면으로는 풍요로운 곳이었습니다. 온전히 복음을 살기 위해 그동안 나웬이 실천한 여러 방안과 비교해 볼 때, 라르슈는 가장 영적이고 설명하기 힘든 선택이었습니다. 대학 강단에서 내려와 장애인들과 함께하는 삶을 택함으로써, 그는 낮은 데로 향하고자 하는 자신의 신념을 실행에 옮겼습니다. 그리고 자신의 업적이 아니라 있는 그대로의 모습에 관심을 보이는 사람들을 만나게 되었습니다.

그런데 헨리는 실생활에 서툴렀기 때문에, 라르슈에서도 다른 사람들보다 배워야 할 점이 많았습니다. 남들에 비해 배우는 속도도 느렸습니다.

---

[9] *Straight to the Heart: The Life of Henri Nouwen*, a video produced by Karen Pascal (Markam, Ontario: Windborne Productions 2001).

그러나 이런 과정을 통해 헨리는 많은 자극을 받았고 심리적으로 성장했습니다. 앞에서 보았듯이 그는 전형적인 '소년'이었습니다. '소년'은 본디 높은 영적 상태를 추구하는 야심을 가지고 있습니다.[10] 방랑의 발길이 '새벽'에 이르렀을 때 소년은 여전히 높이 날고자 했지만, 라르슈는 단순하고 느리게 흘러가는 곳이었습니다. '새벽'에서 함께 일했던 메리 바스테도 Mary Bastedo는 도착 당시의 헨리를 이렇게 회상합니다.

> 우리 중 몇몇은 헨리가 전에 방문했을 때 만난 적이 있습니다. 그는 토스트를 굽거나 차를 끓일 줄 몰랐지만 '새로운 집'New House의 보조로 일해야 했습니다. 어느 날 그는 새로 구입한 자신의 자동차를 선임자와 함께 타고 가고 있었습니다. 흥분한 어조로 자기가 얼마나 평범한 삶을 살고 싶어 했는지를 장황하게 늘어놓던 그 순간, 갑자기 자동차는 어딘가를 들이박고 말았습니다. 그의 선임자가 말했습니다. "이 차는 절대로 평범하지 않군요!"[11]

여러 가지 의미로 헨리는 라르슈의 '새벽' 공동체에 불시착한 셈입니다. 그러나 각지에 강연하러 다니는 대신 한군데 정착하여 단순하게 살기 시작하면서, 그는 자신이 다른 이들에게 가르쳐 오던 삶의 결실을 직접 맛보게 됩니다. 단순하게 살면서 지나치게 많은 의무로부터 놓여남에 따라, 그는 더욱 건강하고 갈등 없는 행복을 누리게 되었습니다.

---

[10] James Hillman, "Peaks and Vales", in James Hillman et al., *Puer Papers* (Irving, Tex.: Spring 1979) 65.

[11] Mary Bastedo, "Henri and Daybreak, A Story of Mutual Transformation", in Porter, *Befriending Life*, 28.

라르슈에서 그는 안식을 찾았습니다. 욕망을 버릴수록, 특히 마음을 채우기 위해 끊임없이 새로운 사람을 만나고 새로운 경험을 추구하던 욕망을 버릴수록 장애인들의 단순함과 공동체의 사랑은 그에게 스며들어 그를 변화시켰습니다. 상호의존관계는 여느 가정에서와 마찬가지로 라르슈에서도 중요한 사항입니다. 가정에서는 약한 사람과 강한 사람의 가치가 다르지 않고 사랑이 그 공동체를 아우르는 것처럼 라르슈도 똑같습니다.

헨리는 아래로 내려가는 길, 낮아지는 길의 핵심을 이루는 비밀은 예수와 똑같이 되는 것이라고 생각했습니다. 단순하고 가난해지는 것이 목적이 아니라, 그것이 그리스도 신비의 일부였기 때문에 그렇게 살고자 했던 것입니다. 그는 복음서를 이렇게 받아들였습니다. 복음서란 오래전에 하느님께서 예수를 통해 이루신 영성을 알려 주는 책일 뿐만 아니라, 오늘날 우리가 어떻게 자신의 삶을 살고 하느님을 발견할 것인가에 대한 청사진이라는 것입니다. 그에게 있어 아래로 내려가는 것은 곧 복음서 안으로 들어가는 것이었습니다.

사실 이것은 오래전부터의 묵상을 실현시킨 것입니다. 예전부터 헨리는 성체성사가 그리스도와 일치를 이루는 모델임을 알고 있었고 그렇게 가르쳐 왔습니다. 성체성사에서 우리는 거룩한 빵이 집어 올려지고 … 축복받고 … 쪼개지고 … 나누이는 것을 봅니다. 성체성사의 이 모든 행위는 예수의 삶을 반영하고 있습니다. 예수는 하느님의 부름을 받으셨을 때 들어 올려지셨습니다. 그분은 세례 때 축복을 받으시고, 십자가에서 쪼개지고, 세상에 나누이셨습니다.

헨리는 이 신비가 어떻게 우리의 삶과 연관되는지, 그리고 어떻게 우리에게서 같은 방식으로 한 번 더 구현되는지 일깨워 줍니다. 우리도 하느님께서 우리를 선택하실 때 들어 올려지고, 하느님께서 우리를 알아보시고 사랑하실 때 축복을 받고, 상처와 불행으로 고통당할 때 쪼개집니다. 그리고 우리도 나눕니다. 우리의 생명을 세상에 내주어야 하기 때문입니다. 이것이 우리를 성체성사의 핵심, 복음서의 핵심, 나웬이 그리스도 교회에 전해 주는 메시지의 핵심으로 이끄는 심오하고 아름다운 가르침입니다.[12] 이렇게 예수의 삶과 우리의 삶이 직접적으로 연결되는 것입니다. 아래로 내려가는 이 길이 그리스도와 하나 되는 새로운 길인 것처럼, 우리의 삶과 그리스도의 삶은 성체성사라는 중심 전례를 통해 서로를 비추어 준다는 것이 나웬의 가르침입니다.

탕자의 귀향

그는 아래로 내려가는 길을 라르슈에서 구체화하는 데서 그치지 않고, 예수와 자신의 삶을 비교하며 묵상을 거듭합니다. 묵상을 통해 예수 그리스도를 자기 중심에 모시게 되었고, 자기에게 일어나는 일과 복음을 연결시킬 수 있게 되었습니다. 꽃을 피우기 위해 겨울을 견디며 기다리는 나무처럼, 그의 묵상은 세월이 흐르면서 더욱 넓은 식견을 꽃피우게 되었습니다.

렘브란트의 그림 '탕자의 귀향'을 접하고 나서 헨리는 같은 제목의 책을 집필하게 됩니다. 신앙, 아버지와 두 아들, 하느님에 관해 많은 것을 풀어 놓은 심오하고도 인상적인 책입니다. 이 아름다운 그림을 연구하면서, 신학에 접근하는 그만의 방식이나 영적이고 예술적인 시각은 분명 큰 도움이 되었을 것입니다. 렘브란트의 그림을 오랫동안 들여다보고 그것에 관

---

[12] 이 주제로 헨리 나웬은 크리스털 대성당에서 텔레비전 강론을 했다. 영화 *Henri Nouwen's Passion and Spirituality* (Notre Dame, Ind.: Center for Social Concerns, University of Notre Dame 2001) 참조.

해 친구들에게 이야기하고 글을 쓰면서, 성체성사에 대한 오랜 묵상이 선명해지기 시작했습니다. 예수가 들어 올려지고 축복을 받고 쪼개지고 나누인 빵인 것처럼, 헨리도 아낌없이 내주는 그리스도였고 우리 역시도 마찬가지입니다. 그리스도 안에서 우리의 삶도 그분이 사셨던 삶의 영향을 받는 것입니다. 우리도 예수와 마찬가지로 들어 올려지고 축복받고 쪼개지고 나뉘면서, 복음서의 이야기는 우리 자신의 이야기가 되는 것입니다.

여기서 잠시 그의 말을 들어 보겠습니다. 헨리는 주장을 펼친다기보다 그림을 그리듯 서술합니다. 크고 아름다운 캔버스 위에서 관념과 현실은 서로 오버랩되고 어우러집니다.

나는 예수께서 친히 우리를 위하여 탕자가 되신 그 신비를 여기서 다루고 있습니다. 당신은 하늘에 계신 아버지의 집을 멀리 떠나 모든 것을 다 버리시고, 마침내 십자가를 통하여 아버지의 집으로 돌아가셨습니다. 당신은 반항하는 아들이 아니라, 하느님의 잃어버린 자녀 모두를 집으로 데려오도록 파견받은 아들로서 이 모든 일에 순명하셨습니다. 당신이 죄인들과 어울려 지낸다고 비난하던 사람들에게 탕자의 이야기를 들려주신 예수께서는 당신 스스로 말씀하신 그 길고도 고통스러운 여정을 몸소 걸으셨습니다.

렘브란트의 그림 '탕자의 귀향'을 묵상하면서 나는 지쳐 돌아온 작은 아들과 새로 태어나신 아기 예수의 얼굴을 연관 지어 생각할 수 없었습니다. 그러나 오랜 시간 묵상함으로써 지금 나는 깨달음과 축복을 실감하고 있습니다. 만신창이가 되어 아버지 앞에 무릎을 꿇고 있는 그 작은 아들이 "세상의 죄를 없애시는 하느님의 어린양"(요한 1,29)이 아닐까요? 당신은 죄를 모르시는 분이시면서도 우리를 위하여 죄인이 되신 분(2코린 5,21 참조)이 아닐까요? 그분이 야말로 "하느님과 같음을 당연한 것으로 여기지 않으시고 … 사람들과 같이"(필리 2,6-7) 되신 분이 아닐까요? 십자가 위에서 "저의 하느님, 저의 하느님, 어찌하여 저를 버리셨습니까?"(마태 27,46)라고 부르짖으셨던 죄 없으신 하느님의 아들이 아닐까요?

예수는 내가 당신과 같이 되어 당신과 함께 하느님 아버지의 집으로 돌아갈 수 있도록, 하느님 아버지께서 당신에게 맡겨 주신 모든 것을 버리신, 아낌없이 주시는 하느님 아버지의 탕자이십니다.

예수를 탕자로 보는 것은 이야기에 대한 전통적 해석의 범주를 훨씬 벗어나는 것입니다. 그럼에도 불구하고 이러한 해석은 대단히 매력적입니다. 내가 아들이 되는 것과 예수께서 아들이 되시는 것이 하나이며, 내가 고향으로 돌아가는 것과 예수께서 고향으로 돌아가시는 것이 하나이고, 나의 집과 예수의 집이 하나라는 말을 이제는 이해하게 되었습니다. 예수께서 가신 길 말고 하느님께로 이르는 다른 길은 없습니다. 탕자의 이야기를 들려주신 바로 그분이 하느님의 '말씀'이셨습니다. "만물은 그분을 통해서 생겨났습니다." 그분이 "사람이 되어 우리 가운데 사시며" 우리에게 당신의 충만함을 주셨습니다(요한 1,1-14 참조).[13]

"예수께서 가신 길 말고 하느님께로 이르는 다른 길은 없습니다." "내가 아들이 되는 것과 예수께서 아들이 되시는 것은 하나입니다." 참으로 심오한 말입니다. 예술적인 묵상 과정을 통해 헨리는 식견을 넓히고 옛것에서

---

[13] Henri Nouwen, *The Return of the Prodigal Son: A Meditation on Fathers, Brothers and Sons* (New York: Doubleday 1992) 50.

새로운 진리를 펼치며, 복음의 경계를 더욱 확장시켰습니다. 렘브란트의 그림과 복음서의 이야기에 거듭 침잠함으로써, 마침내 헨리는 자신의 오랜 수치심과 거부의 느낌을 그 이미지에 접목시켰습니다. 렘브란트의 그림은 헨리의 오랜 고통이었던 아버지와 아들이라는 주제를 말하고 있습니다. 아버지의 축복을 갈망해 온 그에게, 그림 속의 아버지는 그 갈망을 채워 주는 모습으로 보였을 것입니다.

성체성사에서 빵이 들어 올려지고 축복받는 것처럼, 예수에 대한 축복이 렘브란트의 그림에 생생하게 반영되어 있다는 사실을 헨리는 깨달았습니다. 그리스도 안에서 모든 존재는 축복을 받습니다. 하느님 아버지의 축복을 받음으로써 우리는 회복되고, 모든 유혹과 공포에 맞설 수 있는 힘과 위로를 얻게 됩니다. 탕자가 환영과 포옹을 받은 것처럼, 그리스도께서 축복을 받으신 것처럼, 이 세상에서 수치와 거절을 당하는 모든 사람이 스스로가 환영받고 축복받는 존재임을 알게 된다면, 그 안에서 모든 고통과 두려움을 떨쳐 버리게 하는 위로를 발견할 것입니다. 들어 올려질 때 빵은 축복을 받습니다. 예수는 세례 때 축복을 받으셨습니다. 그때 하느님 아버지께서는 하늘에서 그분을 '아들'이라 부르시며 당신의 '마음에 드는' 아들이라고 말씀하셨습니다. 우리도 예수와 똑같은 축복을 받을 수 있습니다. 하느님은 우리 가운데 현존하시며 우리를 축복하고 계십니다. 우리는 하느님의 축복과 인정과 사랑을 받고 있는 것입니다.

아버지의 사랑

그러므로 복음서에 나오는 그리스도에 대한 축복은 대단히 중요합니다. 예수께서 전도하기 시작하실 무렵, 그 길고도 운명적인 여정을 시작하시기에 앞서 하느님은 사람들 앞에서 그분께 말씀하셨습니다. "너는 내가 사랑하고 내 마음에 드는 아들이다. 이제 가거라."

하느님 아버지의 축복은 그리스도의 자기 인식과 확신의 토대입니다. 혼란과 고통에 직면할 때, 그것은 위로가 되었습니다. 그 축복으로 예수는 강해졌고, 광야에서 사탄의 유혹에 맞설 수 있었고, 그 후로도 숱한 시련을 이겨 낼 수 있었습니다. 그리스도의 삶에도 늘 어려움은 있었으나 우리와 다른 점이 있습니다. 그분은 의혹과 두려움과 세상의 거부 앞에서도, 당신을 축복하셨던 그 목소리를 잊지 않으셨습니다. 당신을 축복하신 하느님의 목소리가 당신의 온 존재를 통해 울려 퍼지게 하셨습니다. 우리도 그분처럼 해야 합니다. 우리도 그 소리와 지혜에 집중해야 합니다.

> 집은 내 존재의 중심입니다. 거기서 나는 "너는 내 사랑하는 아들이니 너에게 나의 사랑을 주노라" 하시는 목소리를 들을 수 있습니다. 그것은 첫 번째 아담에게 생명을 주셨던 목소리이며, 두 번째 아담이신 예수께 말씀하시던 바로 그 목소리입니다. 하느님의 모든 자녀에게 말씀하시는 목소리이며, 빛 속에 머물면서도 암흑의 세상에서 살고 있는 그들을 자유롭게 해 주는 바로 그 목소리입니다. 나도 그 목소리를 들었습니다. 과거에 내게 말씀하시던 그 목소리가 지금까지도 말씀하고 계십니다. 그 목소리는 아무런 방해 없이 영원으로부터 들려오는 사랑의 소리입니다. 그 목소리로부터 우리는 언제나 생명과 사랑을 받습니다. 그 목소리를 들으면, 나는 하느님과 함께 집에 있으며 아무것도 두려워할 필요가 없음을 알게 됩니다. 하늘에 계신 아버지의 사랑받는 자녀로서 "어둠의 골짜기를 간다 하여도 재앙을 두려워하지 않으리니"(시편 23,4).

요르단 강과 타볼 산에서 당신이 들으셨던 그 목소리를 나도 들을 수 있다고 예수께서 일깨워 주셨습니다. 뿐만 아니라 당신께서 아버지와 함께 당신의 집에 계신 것처럼, 나 역시도 그럴 수 있다는 사실을 분명히 깨우쳐 주셨습니다. 당신은 제자들을 위해 아버지께 기도하시면서 이렇게 말씀하셨습니다. "제가 세상에 속하지 않은 것처럼 이들도 세상에 속하지 않습니다. 이들을 진리로 거룩하게 해 주십시오. 아버지의 말씀이 진리입니다. 아버지께서 저를 세상에 보내신 것처럼 저도 이들을 세상에 보냈습니다. 그리고 저는 이들을 위하여 저 자신을 거룩하게 합니다. 이들도 진리로 거룩해지게 하려는 것입니다"(요한 17,16-19).

이 말씀은 나의 진정한 거처, 나의 참된 집, 영원한 본향을 보여 줍니다. 믿음이란, 그 집이 항상 거기에 있어 왔고 영원히 있으리라는 절대적 신뢰입니다. 아버지의 다소 여윈 손이 영원하신 하느님의 축복을 내려 주듯 탕자의 어깨 위에 얹혀 있습니다. "너는 내 사랑하는 아들이니 너에게 나의 사랑을 주노라."[14]

그는 이 묵상을 더욱 엄밀히 탐구하고 분석하기 시작합니다. 어째서 이 본질적 진리를 사람들은 이해할지 못하는 걸까요? 예수께서 사랑받으신 것처럼 자신도 사랑받고 있다고 생각하는 사람은 별로 없습니다. 그분이 받으신 축복이나 그분의 삶을 우리 것이라고는 생각하지 않습니다. 우리의 삶과 예수의 삶이 실제로 결합되어 있다는 것을 우리 중 대부분은 상상조차 못합니다. 스스로가 비참하고 불안정하고 죄와 수치심으로 가득하다고

---

14 Henri Nouwen, *The Return of the Prodigal Son: A Meditation on Fathers, Brothers and Sons* (New York: Doubleday 1992) 35-36.

생각하기 때문입니다. 그러나 그리스도께서 유혹을 이겨 내셨듯이 우리도 이런 부정적 감정을 이겨 내도록 부름을 받았습니다.

축복을 받으신 그리스도는 유혹도 받으셨습니다. 명성에의 유혹, 불멸에의 유혹, 자기를 과장하려는 유혹이 그것이었습니다. 예수께서 받으신 유혹이 결코 이것만이 아님을 헨리는 마음속 깊이 알고 있었습니다. 그는 명성 있는 사람 여럿과 알고 지내면서, 가장 큰 유혹은 명성이나 재물이 아님을 알게 되었습니다. 그것은 자기 거부입니다. 영적으로 가장 심각한 문제는 내가 하느님의 눈에 아무 가치 없는 존재라고 믿는 것입니다. 시도 때도 없이 들려오는 부정적 목소리, 나 스스로를 가치 없는 존재라고 외쳐 대는 그 목소리에 귀청이 떨어져 나갈 지경입니다. 그런데 사실 이것은 하느님의 목소리가 아닙니다. 세상이 외치는 소리일 뿐입니다. 아마도 우리가 사는 동안 수많은 좌절을 겪으면서, 이 목소리를 사실인 양 받아들이게 된 것 같습니다. 아무도 나를 눈여겨보아 주지 않아서 우리는 혼자라고 느낍니다. 그래서 우리는 세상이 보내는, '너는 아무것도 아니다. 너는 사랑받지 못한다. 너는 안 된다'라는 메시지를 쉽사리 받아들이는 것입니다. 그렇게 우리는 하느님의 사랑을 받을 자격이 없다고 생각합니다. 하느님께서 예수나 성인들이나 헨리 나웬은 사랑하셨지만 우리는 아니라고 생각합니다. 우리도 사랑하신다고는 생각할 수가 없습니다.

그러나 원하기만 한다면 그 축복은 우리 것이 됩니다. 우리는 언제나 하느님의 축복을 받을 수 있습니다. "네가 누구든지, 너는 나의 사랑을 받는 사람이다"라는 말씀을 확신함으로써, 슬픔과 거부의 삶은 본연의 모습으로 되돌아갈 수 있습니다. 이것이야말로 예수께서 유혹당하실 때, 거부당하실 때, 돌아가실 때까지도 마음속 깊이 간직하고 계셨던 확신입니다. "너는 내가 사랑하는 아들이니라." 실로 예수는 모든 반대와 유혹을 이겨 내셨습니다. 하느님께서 주신 축복의 힘으로 그렇게 하실 수 있었습니다. 이보다 더 큰 힘은 없을 것입니다. 우리는 하느님께서 예수께 내리신 그 축복을 통해 하느님과 일치하게 됩니다. 우리를 하느님 아버지께로 이끄시는 성령을 통하여 예수의 삶으로 이끌립니다.

그러나 이 모든 것을 받아들이기란 매우 어렵습니다. 나 자신도 벌써 몇 년째 매일 분투하고 있습니다. 하지만 물방울이 바위에 떨어지듯이 축복의 메시지를 내 마음에 떨어뜨립니다. 언젠가 그 바위가 부서질 것을 고대하면서 말입니다. 우리가 받아 모시는 빵처럼, 예수 그리스도처럼 우리 모두는 들어 올려지고 축복받고 쪼개지고 나누입니다. 우리 모두는 하느님께 뽑혀 그분의 축복을 받으며 살아가고, 부정적 경험들로 상처받고 깨지면서 우리를 내주도록, 언제나 하느님의 사랑에 "예"라고 응답하도록 세상에 보내졌습니다.

이것은 그리스도와 세상이 밀접하게 연결되어 있음을 의미합니다. 그런데 헨리가 말하는 것이 그렇게 새로운 내용일까요? 그렇기도 하고 아니기도 합니다. 그리스도교에서는 예수 그리스도를 따르도록 오랜 세월 신자들을 가르쳐 왔습니다. 바오로는 자신이 그리스도를 본받은 것처럼 남들에게도 자신을 본받으라고 말합니다(1코린 11,1 참조). 그는 또 세례를 통해 우리가 그리스도를 "입었다"고 말합니다(갈라 3,27 참조). 로마인들에게 보낸 편지에서 바오로는 그리스도를 "많은 형제 가운데 맏이"(로마 8,29)라고 칭합니다. 요한의 첫째 서간은 하느님께서 우리에게 얼마나 큰 사랑을 주시어 우리가 하느님의 자녀라 불리게 되었는지 생각해 보라고 말합니다(1요한 3,1 참조). 그러나 이렇게 확실한 성경 말씀에도 불구하고, 그리스도인들이 개인적으로나 실제적으로 그리스도의 존재에 참여하고 있다고 생각하기는 쉽지 않습니다.

하느님의 아들이신 그리스도는 너무나 지엄하시고 우리가 실제로 동일시하기에는 아득히 높이 계신 분입니다. 전통적인 가톨릭교회는 『준주성범』에서 토마스 아 켐피스가 제시한 것처럼, 그리스도를 겸손과 순명의 귀감으로 여겨야 한다는 주장을 받아들이기가 가장 쉬울 것입니다. 오로지 사제만이 주님의 대리자가 되기에 합당하다고 여겨져 왔습니다. 그런데 이제 헨리 나웬은 우리에게 마음을 열고 우리 모두가 주님의 대리자가 될 수 있음을 믿으라고 말합니다. 이것은 분명 새로운 의견입니다. 아득히 높아 실현 불가능한 도덕적 목표를 바라볼 것이 아니라, 하느님께서 우리를 사랑하신다는 사실, 즉 우리가 하느님의 사람이라는 사실을 믿을 수 있는지 먼저 자문해 볼 것을 헨리는 제안합니다. 현대 그리스도교의 예언자, 상처와 불안과 수치심의 예언자 헨리 나웬은 이것이야말로 실로 참이라고 우리에게 말해 줍니다. 우리는 하느님께 사랑받고 있습니다. 예수 그리스도가 사랑받는 아들이셨던 것처럼, 우리도 하느님 아버지의 소중한 아들딸로서 사랑받고 있습니다.

이것은 엄청난 깨달음입니다. 일단 받아들이기만 한다면, 한 사람의 삶을 극적으로 변화시킬 수 있는 힘을 가진 가르침입니다. 이해하기 어려운 신비주의에 근거하지 않았고 추상적인 신학 개념도 아닙니다. 나의 삶을 예수의 삶에 결합시키고 융화시킨다는 의미입니다. 우리는 같은 식탁에 앉은 한 가족이고, 서로 연결되어 있으며, 예수께서 가시는 방향이 곧 나의 방향이라고 믿는 것입니다. 헨리는 몸소 이 진리를 받아들였고, 그리스도를 믿는 모든 사람에게 전해져야 한다고 생각했습니다.

『탕자의 귀향』이 출판된 1992년, 헨리 나웬은 이미 그 영성을 구체화시켜, 자기는 예수와 아무런 연관이 없다고 여기던 사람들에게 이 메시지를 전하고 있었습니다. 또 다른 저서, 『사랑받는 사람의 삶』을 통해 뉴욕 출신의 유다인 친구 프레드 브래트먼에게도 이 영성을 전해 주었습니다. 이 책에서 헨리는 들어 올려지고 축복을 받고 쪼개지고 나누이는 성체성사의 가장 중요한 순간과, 특히 예수께서 받으신 축복에 대해 프레드에게 말하고 있습니다.

> "이는 내가 사랑하는 아들, 내 마음에 드는 아들이다"(마태 3,17). 수년 동안 이 말씀을 읽고 강론하고 강의에 반영했지만, 이 말씀이 나 자신의 전통의 한계를 넘어서는 의미를 지니고 있다는 사실을 알게 된 것은 우리가 뉴욕에서 나눈 대화를 통해서였다네. 그 대화 덕분에 나는 "너는 내 사랑하는 사람이다"라는 말이 어떤 특별한 전통에 속해 있건 아니건 간에, 모든 인류에게 가장 깊은 진리를 표현하고 있다는 내적 확신을 얻게 되었네. 프레드, 내가 자네에게 하고 싶은 말은 "너는 내 사랑하는 사람이다"라는 말뿐이라네. 이 사랑이 지닐 수 있는 힘과 온유함으로, 자네에게 들려오는 이 말씀을 들을 수 있게 된다면 더 바랄 게 없겠네. 나의 유일한 소망은 자네의 존재 구석구석에 이 말씀이 울려 퍼지는 것이라네. "너는 내 사랑하는 사람이다."[15]

헨리는 프레드를 비롯하여 주위의 모든 사람을 사랑했고, 하느님의 사랑은 헨리 자신의 사랑보다 훨씬 더 크고 믿을 만하며 관대하다는 사실을 알고 있었습니다. 사실 헨리의 영성은 대부분 가없는 하느님 사랑을 체험함으로써 형성된 것입니다. 어떤 믿음을 가지고 있고, 또 하느님에 대해 어

---

15 Henri Nouwen, *Life of the Beloved: Spiritual Living in a Secular World* (New York: Crossroad 1992) 25-26.

떻게 알고 있든 상관없이 모든 사람에게 열려 있는 커다란 사랑입니다. 헨리 자신의 상처로 인해 그 누구보다도 사랑받음에 대한 이끌림이 컸을 것입니다. 그는 어떤 잘못과 결점에도 불구하고 하느님 아버지께 이 사랑을 청할 수 있다는 확신을 얻자, 다른 사람들과도 이 축복을 함께 나누게 되기를 간절히 바랐습니다. 그것은 마치 높은 산 정상에 오른 것과 같았습니다. 헨리는 일단 산꼭대기에 오르자, 능선으로 이어진 다른 산꼭대기에도 쉽게 이를 수 있는 위치에 자신이 서 있음을 깨달았습니다. 그는 아래를 내려다보며 그리스도 안에서 하느님과 만물과 모든 사람이 일치를 이루는 새로운 그림을 그려 보았습니다. 지위가 높은 사람, 비천한 사람, 세속적인 사람, 냉소적인 사람, 상처가 깊은 사람 … 그 누구도 예외가 아니었습니다. 모든 탕자는 하느님의 축복을 받기 위해 앞으로 불려 나왔습니다.

과거 그리스도교에서는 발견할 수 없는 아름답고 담대한 묵상입니다. 헨리는 세례 때 '그리스도를 입는 것'에 대해 언급하는 성경 구절들에 관심을 가지기 시작합니다. 오래전에 그는 안톤 보이슨에게서 사람의 약점은 오히려 강점과 영감이 될 수 있음을 배웠습니다. 이제 헨리는 약함과 겸손이 예수 그리스도 삶의 본질이었음을 알고 있습니다. 그리스도는 너무나 연약하게 태어나셨고 무력하게 돌아가셨습니다. 아래로 내려가시는 그리스도는 결국 우리와 마찬가지로 나약하고 인간적인 존재입니다. 우리 모두는 그리스도께서 우리의 (인간적) 상황에 동참하심으로써 우리도 그분의 (하느님적) 지위에 동참할 수 있게 되었음을 압니다. 그런데 아래로 내려가는 그리스도의 길이 바로 우리 자신의 본질에 이르는 지름길임을 아는 사람은 별로 없는 것 같습니다.

그리스도의 삶과 우리 자신의 삶은 그다지 다르지 않을 것입니다. 그런데 우리는 그리스도와 우리 사이에는 엄청난 간극이 있고, 그분이 살고 죽으신 길과 우리의 길은 다르다고 잘못 알고 있습니다. 헨리 나웬이 마지막 안식년 동안 쓴 두 권의 책에 이런 내용이 담겨 있습니다. 그중 한 권인 『여정을 위한 빵』Bread for the Journey은 '예수처럼 되기', '예수의 신원을 말하기', '그리스도를 입기'와 같은 항목을 통해 성찰과 가르침으로 인도하는 일기 형식의 책입니다. 헨리는 예수와 하느님 아버지께서 같은 성령으로 숨을 쉬시면서 그 성령을 우리에게도 주셨다고 설명합니다. 똑같은 성령께서 우리를 완전한 변화로 이끄시고, 그리스도가 우리 안에 살아 계시다는 사실을 깨닫게 해 주십니다. "그러므로, 우리는 세상에 살아 있는 그리스도입니다. 강생하신 하느님이신 예수는 우리의 몸을 통해 거듭하여 당신을 드러내십니다. 실로 참된 구원은 그리스도가 되는 데 있습니다."[16]

"우리는 세상에 살아 있는 그리스도입니다." 목사, 사제, 선교사, 수녀, 수도승이 아닌 평범한 사람들, 특별한 업적도 드러나는 선행도 대단한 믿음도 없는 사람들에게 헨리는 이렇게 말합니다. 그리스도는 모든 사람에게 손 내밀고 계시며, 당신의 삶과 죽음은 모든 인간에게 공통적인 사건이기 때문입니다.

> 예수의 죽음은 모든 인류를 위한 죽음이며, 예수의 부활은 모든 인류를 위한 부활입니다. 노예 상태에서 자유로, 포로 생활 하던 땅에서 약속된 땅으로, 죽음에서 영원한 생명으로 이끄는 그 놀라운 통행권을 받지 못하는 사람은 과거에도 현재에도 미래에도 결코 없습니다.[17]

---

[16] Henri Nouwen, *Bread for the Journey: A Daybook of Wisdom and Faith* (HarperSanFrancisco 1997) June 2-6.

[17] 같은 책, August 1.

아담

마지막 안식년에 쓴 또 한 권의 책, 『아담, 하느님의 사랑을 받는 사람』 Adam: God's Beloved에서 그리스도에 대한 그의 관점은 추상적인 것에서 구체적인 것으로 옮겨 가고 있습니다. 프레드 브래트먼을 위한 책을 끝낸 뒤, 마음의 움직임을 좇아 이 책을 쓰기 시작하면서 그는 사랑과 애착에 관한 자신의 견해를 피력합니다. 사실 처음에는 안식년 동안 사도신경에 관해 쓰려고 계획했는데, 그 주제를 연구하는 도중에 라르슈의 친구였던 아담이 죽어 간다는 소식을 접했습니다. 그는 급히 토론토로 가서 아담의 가족과 함께 임종을 지켰습니다. 아담은 헨리에게 아주 특별한 사람이었습니다. 관 속에 누워 있는 아담을 보면서 그가 예수와 같은 서른세 살이라는 사실을 깨닫자, 사도신경이 아니라 아담에 대한 글을 써야겠다는 생각이 들었습니다. 그리하여 헨리 나웬은 아담 에르네트Adam Ernett에 대한 이 책에서 아래로 내려가는 것, 사랑받는 것, 예수의 삶에 동참하는 것에 대한 깊은 묵상을 통해 놀라운 결론을 이끌어 냅니다.[18]

그렇다면 아담 에르네트는 어떤 사람이었을까요? 그는 라르슈의 '새벽' 공동체에서 가장 장애가 심한 사람이었습니다. 헨리가 그곳에 머물기 시작할 무렵, 거의 움직이지 못하고 말도 못하고 눈도 맞출 수 없는 아담과 함께 아침 일과를 수행해야 했습니다. 말도 못하고 움직이지도 못하는 장애에 직면한 헨리는 혼란스러웠습니다. 솔직히 아담을 돌보는 것이 가치 있는 일이라는 생각이 들지 않았습니다. 자기 능력을 결코 발휘할 수 없는

---

[18] Adam: God's Beloved (Maryknoll, N.Y.: Orbis Books 1997)는 헨리 나웬 사후에 출판되었다. 나웬의 저작물 유산 관리인인 수 모스텔러 CSJ 수녀가 최종 편집했다. 우리는 그녀에게 많은 빚을 졌다.

분야에 놓여졌다는 생각에 두렵기까지 했습니다. 행여 그가 다치기라도 한다면? 별 탈 없이 아담을 움직일 수만 있어도 다행이었습니다. 헨리에게 힘을 북돋아 주기 위해 아낌없는 격려가 쏟아졌습니다. 처음 자전거를 배우는 아이처럼 헨리는 차츰차츰 이 일에서 기쁨을 얻게 되었습니다.

달라진 것은 또 있습니다. 도저히 이해할 수 없고 짐스럽게만 느껴지던 아담의 첫인상이 갈수록 달라지기 시작했습니다. 아담은 누군가 자기와 함께 있다는 것을 느끼면서, 오히려 그들에게 평화로운 느낌을 전해 주기까지 했습니다. 헨리는 아담에게 자신이 하는 일과 생각들, 그리고 그들 사이에서 생겨나는 친밀감과 편안함에 대해 들려주었습니다. 아담을 돌보던 그 시간들은 헨리에게 종교적 체험이자 또 다른 관상이 되었습니다.

후일 렘브란트 그림의 탕자에게서 예수의 모습을 발견한 것처럼 헨리는 아담의 모습에서도 그리스도를 발견했습니다. 아담의 삶도 나름대로의 쓰임과 사명이 있다는 사실을 깨닫게 되면서부터입니다. 많은 사람이 아담을 만나면서 깊은 감명을 받았습니다. 그는 주위 사람들에게 평화와 치유를 가져다주었습니다. 예수처럼 아담도 자기 방식대로 하느님의 일을 했습니다.

예수의 삶에는 알려지지 않은 시기가 많고, 그분은 오랫동안 평범한 일상을 사셨습니다. 예수 그리스도와 아담에게는 모두 어려운 시기가 있었습니다. 예수는 연약한 갓난아기로 태어나 완전히 인간적인 삶을 사셨습니다. 평범한 삶에서 평범한 존재로서의 나약함과 한계를 받아들이고자 강생하신 그리스도는 일생을 거룩하게 사셨습니다. 헨리는 아담과 함께 보낸 시간에 대해 묵상하면서 이것을 더욱 분명히 깨달았습니다. 아담은 자기만의 독특한 방식으로 예수의 삶을 살았던 것입니다.

예수는 힘을 가지고 오시지 않았습니다. 그분은 나약함을 입고 오셨습니다. 갓난아기와 어린아이 시절, 고뇌하는 청소년기, 성숙해 가는 성인기라는 인간적 조건을 모두 받아들이신 그 삶은 대부분 가려져 있습니다. 나자렛 예수의 감추인 삶처럼 아담의 삶도, 많은 사람에 대한 소명을 보이지 않게 준비하는 시간이었습니다. 아담과 그의 부모는 그렇게 생각하지 않았더라도 말입니다.

    나는 아담이 두 번째 예수라고 말하는 것이 아닙니다. 약하셨던 예수 때문에 참으로 연약한 아담의 삶도 영적으로 보면 대단히 중요한 삶이 될 수 있음을 말하는 것입니다. 아담이 특별히 영웅적인 덕행을 실천한 것은 아닙니다. 신문에 날 정도로 대단한 일을 하지도 않았습니다. 그러나 나는 아담이 부서진 모습을 통해 하느님 사랑의 증인으로 선택받았음을 확신합니다. 낭만적이거나 감상적으로 말하는 것이 아닙니다. 우리 모두와 마찬가지로 아담도 한계를 지닌 사람, 아니, 생각을 말로 표현할 수 없었기 때문에 우리보다 더 큰 한계를 지닌 사람이었습니다. 그러나 그는 완전한 사람이고 축복받은 사람입니다. 자신의 나약함을 통해서 그는 하느님 은총의 특별한 도구가 되었습니다. 그는 우리 가운데 계신 그리스도의 모습을 드러내 보여 주었습니다.[19]

아담이 말을 못하면서도 그리스도를 증거한다는 것을 헨리는 이상하게 여기지 않았습니다. 헨리 자신의 삶과 직무가 언어적 소통을 위주로 하는 것이기는 해도, 그는 침묵을 존재에 대한 영적인 표현 양식이자 기도의 한

---

[19] Henri Nouwen, *Adam: God's Beloved* (Maryknoll, N.Y.: Orbis Books 1997) 29-30.

형식으로 보는 수도 정신에 대해 오랫동안 공부했고, 그런 수도원에서 생활한 적도 있습니다. 그는 수도원 제도에 관심이 많았고, 사막 교부에 대해 가르치고 글을 썼으며, 제네시의 트라피스트 수도원에서 한동안 생활했습니다. 사막 교부는 그리스도교의 첫 수도승들입니다. 이 초기 수도승들은 관념과 언어를 초월하여 하느님을 만나고자, 고독을 택해 사막으로 갔습니다. 다음의 사막 교부 이야기에서 볼 수 있듯이, 비록 평범하지 않은 방법을 통해서였지만 그들은 침묵을 실천한 첫 그리스도인이었습니다. 수도승이 되고자 스승을 찾던 어느 사막 교부의 젊은 시절의 일화입니다.

> 사부 이사악이 말했다. "젊었을 때, 나는 크로니오스 사부와 함께 살고 있었다. 그는 늙고 몸이 불편했는데도 내게 일을 시키지 않고, 오히려 자기 스스로 일어나 사람들에게 먹을 것을 주었다. 그러고 나서 나는 페르메의 테오도루스 사부와도 함께 살았다. 그 역시 나에게 어떤 일을 하라고 말하지 않았다. 그는 손수 식탁을 차리고 나서 말했다. '형제여, 자네가 원한다면 와서 먹도록 하게.' 나는 대답했다. '저는 스승님을 돕기 위해 여기 왔습니다. 왜 스승님은 저에게 어떤 일을 하라고 말씀하시지 않습니까?' 그러나 그는 대답하지 않았다. 내가 다른 원로들을 찾아가서 이 사실을 말하자 그들이 와서 사부에게 말했다. '스승님, 이 형제는 스승님을 돕기 위해 찾아왔습니다. 왜 그에게 무엇을 하라고 말하지 않는 것입니까?' 그러자 사부가 대답했다. '내가 그에게 명령을 내려야만 하는 회수도자요?'[20] 내가 알고 있는 한, 나는 그에게 말할 것이 없소. 만

---

[20] 사막 교부들은 은수자처럼 혼자 살았다. 회수도자는 공동체 수도승들이었다 — 옮긴이.

약 그가 원한다면 내가 하는 것을 보고 그대로 따라할 수 있을 것이오.' 그때부터 나는 솔선해서 일을 하기 시작했다. 사부는 침묵 중에 일하면서 침묵을 통해 나를 가르친 것이다."[21]

이런 이야기들을 통해 헨리는 하느님께서 침묵 중에 나타나신다는 것을 잘 알게 되었고, 침묵의 영성에 대해 『마음의 길』The Way of the Heart이라는 작은 책을 쓰기도 했습니다. 『아담, 하느님의 사랑을 받는 사람』에는 아담으로부터 중요한 가르침을 얻은 어느 아빠스의 이야기가 실려 있는데, 헨리는 여기서도 침묵 수도원의 정신을 보여 주고 있습니다. 그 아빠스는 나도 잘 아는 사람으로, 내가 1970년대 후반에 정기적으로 수도원을 방문하던 때 나에게 영감을 주었던 사람입니다.

빅서Big Sur의 카말돌리Camaldolese 수도원의 아빠스, 브루노 신부는 18년 동안 아빠스로 봉직한 후에 '새벽' 공동체에서 3개월간 헨리와 함께 머물렀습니다. 아빠스직을 물러나면서 장애인들과 함께 지내고 싶었기 때문입니다. '새벽' 공동체에서 그는 아담을 만났습니다. 그는 침묵하는 사람이었기 때문에, 아담을 비롯하여 사람들이 느끼는 바를 재빨리 알아차릴 수 있었습니다. 들을 귀가 있고 볼 눈이 있는 사람들에게 아담은 좋은 스승이었습니다. 아담은 이 아빠스 신부가 이미 잘 알고 있는 수도 생활에 대해 또 다른 가르침을 준 것입니다. 브루노 신부는 생각과 감정과 열정에서 더한층 자신을 비우고 하느님의 깊은 고독으로 더욱 침잠하는 법을 아담의 침묵에서 배웠습니다.[22]

---

21 Benedicta Ward, *The Sayings of the Desert Fathers: The Alphabetical Collection* (Kalamazoo, Mich.: Cistercian Publications 1975) 85.

22 Henri Nouwen, *Adam*, 69-70.

브루노 신부처럼 헨리도 아담의 가르침을 받아들였습니다. 헨리가 아담에게서 확실히 본 것은 그리스도의 얼굴입니다. 그는 책에서 감추인 삶, 사막, 공생활, 수난, 죽음, 부활 등 예수의 삶에 드러난 전통적 개념을 서술합니다. 그리고 그리스도의 삶과 아담의 삶을 연관시킴으로써 누구도 생각지 못한 존엄성을 아담에게 부여했습니다. 오늘을 살아가고 있는 우리 모두의 삶과 그리스도 강생의 결정적 의미를 밝힌 것입니다.

> 나는 예수 그리스도와 아담의 이야기에 닮은 점이 많다는 사실을 깨달았습니다. 그리고 또 다른 사실도 알게 되었습니다. 예수께서 이 세상에 살아 계실 때 당신 제자들에게 친구이자 스승이며 지도자이셨던 것처럼, 아담 역시 오묘한 방법으로 나에게 살아 있는 그리스도가 되었음을 깊이 깨달은 것입니다. 아담을 통해서 나는 예수 그리스도에 관한 이해를 새롭게 할 수 있었습니다. 그분은 지금 이 순간에도 가장 연약한 사람들을 통해 우리와 관계를 지속하고자 하십니다. 과연 나는 아담을 돌보면서 하느님에 대해 더 많은 것을 알게 되었습니다.
>
> 아담은 자신의 삶을 통해서, 나의 '연약한 영' 안에 살아 계신 예수의 성령을 발견하도록 나를 도와주었습니다. 예수는 오래전에 사셨지만 아담은 이 시대에 살았습니다. 예수는 제자들과 실제로 함께 사셨습니다. 아담은 나와 실제로 함께 살았습니다. 예수는 '하느님께서 우리와 함께 계시는' 임마누엘입니다. 아담은 나에게 신성한 사람, 거룩한 사람, 살아 계신 하느님의 형상이 되었습니다.
>
> 아담이 특이한가요? 그는 천사였을까요? 그렇지 않습니다. 그저 많고 많은 사람 중 한 사람이었을 뿐입니다. 나는 아담과 관계

를 맺었고, 그는 나에게 특별한 존재가 되었습니다. 나는 그를 사랑했고 우리의 관계는 내 삶에서 대단히 소중한 것이 되었습니다.[23]

헨리가 아담에게서 배운 것, 아래로 내려가는 길, 우리가 하느님의 사랑을 받는 존재라는 사실, 그리스도를 입는 것에 관한 가르침이 여기에 있습니다. 하느님은 사랑이십니다. 아래로 내려가는 길은 사랑의 길이며, 강생은 결코 끝나지 않았습니다. 사랑이 꽃피고 관계가 형성되는 곳, 우리의 연약함이 드러나고 다른 이들과의 친밀함이 솟아나는 곳이라면 그곳이 어디든 우리는 그리스도를 발견하고 하느님을 만나게 됩니다.

물론 헨리가 이 점을 아담을 통해서만 배워야 했던 것은 아니었습니다. 성경이나 빅토르 위고의 소설에서 배울 수도 있었을 것입니다. 다만 아담을 통해 또 다른 배움의 길이 있음을 깨달은 것입니다. 아담을 돌보고, 목욕시키고, 팔로 안아 옮기고, 음식을 먹여 주면서 헨리는 오랫동안 열망해 온 육체적 친밀감을 맛보았습니다. 육체로 연결된 본질적이고 실제적인 행위였습니다. 이것은 단순한 친밀감이나 다정한 대화와는 다릅니다.

아담은 우리가 상상할 수 없을 만큼 세상에서 심하게 괄시받던 사람이었습니다. 그는 고통 가운데서도 찬란한 빛과 희망을 보여 주는 인간의 구체적 증거였습니다. 헨리는 아담에게서 아래로 내려가시는 그리스도의 지친 얼굴을 보았고, 거기에 비치는 자신의 얼굴도 보았습니다. 그는 아담을 통해서 스승과 형제를 보았고, 자신과 같은 것을 묵묵히 바라보며 동경하는 사람을 발견했습니다. 헨리 자신처럼 스스로의 장애와 나약함에도 불구하고 다른 이들에게 평화를 가져다주는 한 사람을 만났습니다.

---

23 같은 책, 15-16.

참된 지혜

성체에 대한 묵상에서 시작하여, 애정 어린 눈길로 아담의 삶과 그리스도의 삶을 연결시키면서, 헨리 나웬의 체험과 견해와 예수에 대한 생각을 하나의 줄기로 살펴보았습니다. 헨리는 언제나 의미심장한 방법으로 예수에 대한 생각을 풀어내 왔는데, 그것이 이제 큰 그림으로 명백히 드러나고 있습니다.

생의 마지막 해에 헨리는, 바오로 서간이나 복음서에는 드러나 있지만 그리스도교의 위대한 스승들은 많이 언급하지 않았던 통찰을 얻게 되는데, 그것은 우리가 이미 본능적으로 참이라고 알고 있는 것입니다. 일찍이 마더 데레사는 콜카타의 죽어 가는 사람들과 가난한 사람들에게서 그리스도의 얼굴을 보았기 때문에 그들 가운데서 일하노라고 말했습니다. 우리는 그녀의 말이 참이라는 것을 받아들이면서도, 거울을 들여다볼 때 거기서도 그리스도의 얼굴을 발견해야 한다는 것은 미처 깨닫지 못했습니다.

아래로 내려가는 길을 통해서 예수 그리스도는 우리 모두에게 오십니다. 가난하고 죽어 가는 사람들을 통해서 그리스도를 만날 수도 있지만, 슬픔과 기쁨을 비롯한 삶의 매 순간을 통해서도 그분을 만날 수 있습니다. 이것이 헨리 나웬의 메시지입니다. 그는 근본주의와는 거리가 멀었고, 주변 어디서나 그리스도의 현존을 느꼈습니다. 공동체와 함께하는 삶, 묵상, 활동 등을 통해 그는 이미 하느님 나라를 살고 있었습니다. 이것은 그가 보고 말하고 저술함으로써 다른 이들에게 전한 가르침을 통해 드러나고 있습니다.

그리스도에 대한 통찰력은 꽃을 피웠다가는 시들어 버리고 땅에 떨어져 죽습니다. 그리고 후일, 생각지도 못한 곳에서 다시 살아납니다. 예수께서는 겨자씨나 갑자기 불어오는 바람의 비유로 이것을 말씀하셨습니다. 예수의 참된 현존을 알아보려면 진정한 지혜가 필요합니다. 앞서 소개한 사막 교부 이야기에서 우리는 스승의 침묵을 통해 참으로 배우기 시작하는 젊은 수도승을 보았습니다. 스승은 그렇게 중요한 존재입니다.

이 장에서 우리도 그 점을 깨달았습니다. 제자가 되기 위해 우리는 스승이 필요합니다. 스승 헨리 나웬은 우리에게 그리스도 왕국에 대한 약속과, 하느님께서 당신 망토로 우리 모두를 감싸 안으시며 "나의 사랑"이라 부르고 계심을 일깨워 줍니다.

6

영성과 기도

나 자신이 되는 것

마지막 장에서는 헨리 나웬의 영적 체험에 대해 말하고자 합니다. 성체성사, 예수, 교회 같은 커다란 주제가 아닌, 헨리 나웬 개인의 특별한 영성을 다루겠습니다.

영화배우 대니 케이Danny Kaye는 이런 말을 한 적이 있습니다. "인생은 커다란 도화지입니다. 여러분은 할 수 있는 한 그 위에 물감을 많이 뿌려야 합니다." 개방적이고 열정적인 이런 표현이야말로, 지금까지 살펴본 헨리 나웬의 영성을 요약해 놓은 듯합니다. 그러나 한편으로 헨리의 예술적 감수성, 창조성, 삶에 대한 긍정적 태도에도 불구하고, 대니 케이의 쾌활함과 헨리 나웬의 그것은 분명 다른 점이 있었습니다. 헨리는 세상의 주목과 열광을 바라지 않았고, 자신의 삶을 통해서 무언가를 알리려 하지도 않았습니다.

책을 통해 드러나는 그의 다양한 경험과 사건들은 어떤 의미를 지니고 있을까요? 인생을 바라보는 헨리의 견해는 남달랐습니다. 그는 삶을 성공을 위한 장이 아니라 본질적 선물로 여겼습니다. 우리의 삶을 통해 하느님의 사랑이 드러난다고 보았습니다. 그렇게 우리는 삶 안에서 하느님과 대화하며, 말과 행동으로써 창조주이신 주님의 사랑에 응답합니다. 헨리는 그 자신이 하느님의 사랑을 구체적으로 체험했기 때문에 세상에 그 사랑을 전할 수 있었습니다.

그런데 나는 헨리가 의무감으로 하느님의 사명을 수행한 것은 아니라고 생각합니다. 애당초 그럴 의도가 없었는데도 그렇게 된 것뿐입니다. 헨리의 곁은 언제나 사람들로 가득했습니다. 그들에게 매료되어 빛과 영감을 얻기도 했지만, 그래서 그들을 더욱 사랑하게 되었다거나 창조적인 작업에 몰두한 것은 아니었습니다. 다만 자신에게 진실하겠다는 마음을 매일 다잡으면서 결과적으로 큰 영성을 낳은 것뿐입니다. 삶이 하느님의 사랑에 대한 응답이라면, 우리는 우리 자신을 바라보고, 우리 자신이 되고, 있는 그대로 스스로를 인정함으로써 주님께 응답해야 합니다. 헨리는 그렇게 자신의 신원을 깨닫고 받아들이는 데 영성의 초점을 맞추었습니다.

헨리 나웬은 자신에게 걸맞은 영성을 추구했습니다. 그의 에고, 의혹, 관심사 … 이 모두가 세상에 던지는 그의 메시지의 중요한 요소들이었습니다. 개인주의적 입장에서 자신을 성찰했지만, 그렇다고 명상에 빠지거나 외골수처럼 보이지는 않았다는 점이 흥미롭습니다.

때때로 장애는 힘의 원천이 되고, 위대한 업적은 역경을 극복함으로써 완성됩니다. 헨리 나웬의 경우에는 뿌리 깊은 수치심과 불안감, 애정 결핍 등의 장애 요인이 그를 스스로에게 더욱 집중하도록 만들었습니다. 평화를 얻기 위해서 그는 자신을 믿고 이해해야 했는데, 이것은 참으로 길고도 어려운 여정이었습니다. 영적 과정과 심리적 과정을 거쳤지만, 자신의 여정을 심리학의 틀 안에서만 보지 않았습니다. 그는 틀에 박힌 언어로 표현할 수 없는 실존주의적 삶을 산 것처럼 보입니다.

실존주의는 헨리의 인격이 형성되는 데 있어 예술과 사상 면으로 크게 영향을 끼쳤습니다. 실존주의는 자기 존재에 대한 자각과 인식의 중요성에 초점을 맞춥니다. 이미 앞에서 헨리와 키르케고르를 비교했는데(22쪽 참조) 키르케고르는 실존주의 철학자였습니다. 헨리 나웬은 자기 생각에 빠져 드는 대신에, 실존주의적으로 말해 자기 존재를 인식한 것입니다.

헨리는 결코 옹졸한 사람이 아니었습니다. 자기 생각에만 골똘하거나 편협하지도 않았습니다. 가톨릭 사제라거나 네덜란드 사람 혹은 유럽 사람이라는 데 얽매이지도 않았습니다. 그는 이 모두를 비본질적인 것으로 여겼습니다. 헨리 나웬이라는 개인은 그 자체로 고유한 존재이면서도, 어디에나 있는 사람들 가운데 하나인 것입니다.

성격 유형과 영성

앞서 말했듯이 헨리는 자신의 한계에 딱 맞는 영성을 추구했습니다. 2장에서 나웬의 심리를 다루었던 것을 잠시 떠올려 봅시다. 거기서 참고한 것이 MBTI입니다. 헨리는 ENFP 유형에 딱 들어맞는다는 것도 살펴보았습니다. 전형적인 ENFP 입장에서 보면, 그의 기벽들을 더 잘 이해하게 될 것입니다. MBTI와, 특히 ENFP 유형을 잘 살펴봄으로써 헨리 나웬의 영성을 이해하는 데 도움이 될 것입니다.

MBTI는 영적 지도에서 중요한 요소가 될 수 있습니다. 많은 사람이 기도와 영성에 있어서 '한 가지 방식으로 다가가는 접근법'에 더 이상 만족하지 못하고 다양한 상담을 받습니다. 영성 지도자들도 MBTI에 대해 잘 알고 있습니다.[1] 영성 지도자 체스터 마이클Chester Michael 몬시뇰은 MBTI에 근거하여 수준 높은 영성 프로그램을 만들었습니다. 『기도와 기질』*Prayer and Temperament*이라는 그의 저서를 보면 특히 NF(직관적 감정형) 유형의 성격과 영성을 탐구하고 있습니다. 헨리 나웬은 ENFP이므로 그 역시 NF 계열입니다. 체스터 마이클 몬시뇰과 공동 저자 마리 노리시Marie Norrisey의 설명을 들어 보겠습니다.

NF 유형은 대개 창조적이고 낙관적입니다. 언어 구사력과 설득력이 뛰어나고, 솔직하며, 쓰고 말하는 데 재능이 있습니다. 자기표현의 욕구가 크고 다른 사람과 대화하기를 즐깁니다. NF 유형은 잘 듣고 상담하면서 갈등을 해결하고 평화를 유지합니다. 그들은 갈등 상황을 싫어합니다. 긴장되거나 부자연스러운 상황에서는 능력을 충분히 발휘하지 못합니다. 직접 마주 보고 이야기하기를 좋아하고, 상대의 표정을 읽을 수 있으며, 비언어적 의사 표현을 잘 이해합니다. NF 유형은 심원한 감정을 지니고 있고 비인간적인 대우를 받으면 분노합니다. 남들의 부정적 태도에 부딪히면 크게 실망하고, 반대로 인정을 받으면 활짝 피어납니다. 그들은 칭찬을 갈망하며, 자신이 가진 것을 아낌없이 나누고, 열정을 다른 이들에게 전합니다. 수용과 지지를 원하며 경쟁보다는 협력을 좋아합니다.

NF 유형은 남들에게 무척 헌신적이며 자기편이 되어 주는 사람들과 특히 사이좋게 지냅니다. 그들은 열정적이고 통찰력이 있으

---

[1] Charles Keating, *Who We Are Is How We Pray* (Mystic, Conn.: Twenty-Third Publications 1987) 참조.

며 공감, 이해심, 동정심이 충만합니다. 다른 성격 유형에 비해서 남들의 가능성을 잘 알아봅니다. 그들은 인간중심적이기 때문에 언제나 물질보다 사람을 중요하게 생각합니다. 사고와 감각은 그들의 열등 기능입니다. NF 유형이 논리적으로 사고를 점검하고, 세부적이고 관례적인 사항을 인식하기 위해서는 특별한 노력이 필요합니다.

　　NF 유형은 항상 의미, 진실, 자아확립을 추구합니다. 완벽주의를 지향하며 대단히 이상주의적입니다. 완전함에 이르기 위해 어떠한 희생도 마다하지 않습니다. 그들 자신이나 그들과 관계된 사람들의 개인적 성장과 발전이 대단히 중요합니다. 천성적으로 그들은 곤경에 빠진 사람들을 도와주려 하기 때문에, 남들의 문제에 너무 깊이 관여하게 되는 위험을 감수해야 합니다.

　　NF 유형은 자기 수양, 자기 계발, 자아 실현 등을 최우선으로 생각합니다. 그들은 내적 성장에 대해 갈증과 허기를 많이 느낍니다. 하느님을 믿는 사람이라면 기도와 영적 독서, 관상으로 충족될 수 있을 것입니다. 자신의 내적 자아와 만나기 위해서는 고요한 침묵의 시간을 필요로 합니다. '스스로 원하는 그런 사람이 되려면 어떻게 해야 할까?' '어떻게 하면 나 자신의 특별한 자아에 대해 참으로 진실할 수 있을까?' NF 유형에게 가장 중요한 질문들입니다.[2]

분명 헨리 나웬을 묘사하고 있는 것 같습니다. 그러나 이것은 헨리 나웬이 아니라 '전형적인 NF 유형'에 관해 묘사한 것입니다. 헨리의 특별한 인격

---

[2] Chester Michael, Marie Norrisey, *Prayer and Temperament: Different Prayer Forms for Different Personality Types* (Charlottesville, Va.: Open Door 1991) 59-60.

이 대부분 그의 기질에서 비롯되었음을 위의 글을 통해 다시 한 번 확인하게 됩니다. 하느님에 대한 갈증, 글을 쓰고자 하는 원의, 다른 이들에 대한 크나큰 관심, 이상주의적 사고, 뜨거운 우정, 침착성 등을 모두 이해할 수 있게 됩니다. 전형적인 NF 유형과 헨리의 성격 사이에는 밀접한 연관성이 있습니다. 그가 그리스도교의 충실한 영적 증거자가 될 수 있었던 것은, 신앙의 규범에 맞게 자신의 성격을 바꾸거나 '모든 사람에게 모든 것'이 되려 하지 않고, 오히려 참된 'NF'가 됨으로써 가능했습니다.

체스터 마이클은 NF 유형을 '아우구스티누스 유형'이라고 불렀습니다. 그는 성 아우구스티누스를 이 유형의 전형으로 보았기 때문입니다. 이것이 참이라면, 헨리 나웬은 참된 자신이 됨으로써 아우구스티누스 같은 위대한 성인과 비슷해졌다는 점이 퍽 아이러니합니다. 그는 결코 성인이나 신비가들을 모방하려 하지 않았을뿐더러 아우구스티누스는 여러모로 그와 달랐기 때문입니다. 그래도 약간의 공통점은 있었습니다.

나는 헨리에게 아우구스티누스에 대해 호감을 가지고 있는지 물은 적이 있습니다. 그는 자신이 아우구스티누스와 비슷한 '고백적' 작가라는 점을 인정했습니다. 그는 아우구스티누스를 몹시 엄격하고 지성적인 사람으로 생각했겠지만, 사실 아우구스티누스는 꽤 인간적이고 창조적인 사람이었습니다. 아우구스티누스는 다른 사람들이 '느껴야만' 하는 것이 아닌, 자기가 느낀 것을 솔직하게 글로 쓴 최초의 사람이었습니다.[3] 아우구스티누스의 『고백록』은 당시의 모든 관습에 맞서는 저작이었습니다.[4] 그는 고정관념을 버리고 자신의 과오를 드러냈습니다. 헨리 나웬도 그런 행보를 보여왔음을 우리는 지금까지 보아 알고 있습니다.

---

3 F.J. Sheed, *Confessions of St. Augustine* (London and New York: Sheed & Ward 1944) 참조.

아우구스티누스 같은 유형은 자기 인식이 확실하고, 영적 관념과 문제들을 독창적으로 다루기를 좋아합니다. 체스터 마이클은 자신이 분류한 각각의 집단에 적용한 것과 마찬가지로 NF 유형에 맞는 프로그램도 개발했습니다.[5] NF 유형의 영적 훈련은 다음과 같습니다. 우선 성경에서 적절한 구절을 택해 그 내용이 오늘날 개인에게 어떤 의미가 있는지 생각해 봅니다. 이것은 그가 '전환'이라고 이름 붙인 일종의 창조적 상상력을 이용하는 것입니다.[6] 3장에서 설명한 헨리의 예술적 접근법을 보면, 그는 성경의 이미지를 어떠한 제약도 없이 창의적이고 자연스럽게 재해석했습니다. 그 방법이 적절하다는 사실을 알려 준 사람은 없었습니다. 물론 그가 항상 '전환'에만 집중한 것은 아니었습니다. 마음을 열고 관상에 힘쓰며 글을 써 나감으로써, 그는 자신에게 가장 편안하고 어울리는 모습을 찾아 갔습니다. NF 유형은 자신의 참 자아를 표현하기 위해 기본적으로 창조성, 상상력, 감정과 직관을 사용합니다. 체스터 마이클에 따르면 NF 유형이 사람과 사물을 새로운 시각으로 보게 됨으로써, 이 창조적 과정이 잘 드러납니다.

> NF 유형은 모든 것에서 의미를 찾으려 합니다. 다름은 어디에서 기인하는지 알고 싶어 하고, 사람은 누구나 저마다의 방법으로 남을 도울 수 있다는 것, 그리고 각자 모두가 소중한 존재임을 자각합니다. 이렇게 죄 많고 비참한 우리를 하느님께서 무조건 사랑하

---

[4] Peter Brown, *Augustine of Hippo* (New York: Dorset Press 1986) 158-181; Bernard McGinn, *The Foundations of Mysticism: Origins to the Fifth Century*, vol. 1 of The Presence of God: A History of Western Christian Mysticism (New York: Crossroad 1994) 228-262.

[5] 이냐티우스(SJ), 아우구스티누스(NF), 프란치스코(SP), 토마스 아퀴나스(NT).

[6] Michael, Norrisey, *Prayer and Temperament*, 63.

신다는 사실을 확인하고 싶어 합니다. 하느님과 더욱 깊고 친밀한 관계 속에서 성장하기 위해 그들은 매일 이 사실을 확인해야 합니다. 그러므로 매일의 기도와 침묵은 이런 기질을 가진 사람들에게 '꼭 필요한 것'입니다.

NF 유형은 끊임없이 사물의 숨겨진 의미를 찾음으로써 모든 사건과 관계로부터 깊은 의미를 이끌어 냅니다. 직관과 창조적 상상력을 통해서 NF 유형은 삶에서 경험하는 사건들에서 새로운 의미, 지금 드러나는 현상을 넘어서는 또 다른 의미를 끌어냅니다.[7]

헨리 나웬의 영성과 놀라우리만치 유사한 내용입니다. 'NF 유형'이라는 말을 '헨리'로 대체해도 무방할 정도입니다. 『마음에서 들려오는 사랑의 소리』, 『아담, 하느님의 사랑을 받는 사람』, 『제네시 일기』 같은 책들을 보면 마이클과 노리시의 설명이 얼마나 잘 들어맞는지 확인할 수 있습니다.

『기도와 기질』에 실린 앞의 글을 통해, 헨리는 보편적으로 적용할 수 있는 영적 프로그램에는 관심이 없었음을 알 수 있습니다. 어쩌면 '보편적으로 적용할 수 있는' 영적 프로그램이란 존재하지 않는 것 아닐까요? 그는 스스로 참이라 여기고 직접 느낄 수 있는 데서부터 출발했습니다. 비록 가톨릭교회라는 특수한 울타리 안에 살고 있지만, 마음으로부터 우러난 믿음은 모든 사람에게 가닿을 수 있는 진정성을 담고 있다고 확신했습니다. 그리고 그가 옳았습니다. 오래전 성 아우구스티누스가 그랬던 것처럼, 헨리 나웬의 진심이 담긴 소박한 책들은 온 세상의 그리스도인들에게 크나큰 영향을 미치고 있습니다. 그의 책과 메시지가 지닌 엄청난 호소력을 보

---

7 같은 책, 61.

고 있노라면, NF 유형이나 가톨릭 신자 여부를 떠나서 우리는 누구나 헨리 나웬의 사랑의 메시지에 감동받을 수 있다는 사실을 깨닫게 됩니다.

전형적인 ENFP 유형에 대한 설명과 헨리를 비교해 보면, 그가 스스로에게 얼마나 충실했는지 잘 알 수 있습니다. 사실 그가 자신의 영성대로 사는 것은 어렵지 않았습니다. NF 유형이었고 그는 '헨리 나웬'이었기 때문입니다! 이 점이 중요합니다. 이것을 이해하게 되면서, 내가 헨리에게 소개시켜 준 영국 출신의 위대한 스승 도널드 니콜Donald Nicholl의 영성을 되새길 수 있었습니다.

도널드 니콜은 뛰어난 지성과 영성으로 이 세계를 알기 쉽게 설명한 역사학 교수이자 가톨릭 사상가였습니다. 그는 헨리가 죽은 이듬해인 1997년에 죽었습니다. 그는 글 쓰고 강의하면서, 개인과 공동체의 영성을 지도했습니다. 평화운동, 특히 이스라엘의 평화운동에 적극 참여했습니다.[8] 잉글랜드 중부에 있는 그의 집에서 함께 지내던 어느 날, 나는 그의 저서[9]의 주제이기도 했던 '신성함'에 대해 물었습니다. 다음은 그의 대답입니다.

> 분명한 한 가지는 거룩해지는 것이 어려워서는 안 된다는 점입니다. 마더 데레사는 스스로 있는 그대로의 자신이 되기 위해 별로 노력한 것이 없습니다. 마더 데레사를 톨스토이와 비교해 봅시다. 톨스토이는 일생에 걸쳐 결심하고, 목록을 만들고, 찢어 버리고, 새로운 목록을 만들고, 좌절하고, 또 찢어 버리기를 반복했습니다.

---

[8] 도널드 니콜은 3년간 예루살렘 인근 Tantur Ecumenical Institute의 책임자였다. 영적 저작으로는 *The Testing of Hearts: A Pilgrim's Journal* (London: Lamp Press 1989); *Triumphs of the Spirit in Russia* (London: Darton, Longman and Todd 1997); *The Beatitude of Truth* (London: Darton, Longman and Todd 1997) 등이 있다.

[9] Donald Nicholl, *Holiness*, 2nd ed. (London: Darton, Longman and Todd 1997).

하지만 마더 데레사는 달랐습니다. 그녀에게는 삶이 아주 자연스러운 것이었기 때문입니다.

헨리도 다르지 않았다고 말할 수 있습니다. 삶에 대해 끊임없이 불안해하고 때때로 괴로워했지만, 진정한 자기 자신이 되는 것이 헨리에게는 매우 자연스러웠습니다. 그렇게 그는 세상에 빛을 가져다주었으며, 사람들은 그에게 매혹되고 그를 신뢰했습니다. 스스로에게 완전히 만족하지는 못했을지라도, 그는 자신이 어떤 사람인지 알고 있었고 다른 사람이 되려 하지 않았습니다. 그는 무슨 일에든 성실했기 때문에 진실로 그 자신이 될 수 있었던 것입니다. 놀라운 개방성과 성실한 매력으로 그가 사람들에게 얼마나 깊은 감명을 선사하는지 앞에서 이미 보았습니다. 프레드 로저스가 잘 설명한 것처럼, 헨리는 친구들과 주위 사람들에게 진심으로 깊은 관심을 보였습니다.[10] 상대를 막론하고 깊이 염려하며 마음을 쓰는 모습에 사람들은 놀랄 뿐이었습니다.

슬픔의 어머니

헨리의 성실함은 우정 못지않았습니다. 성실과 정직은 그의 영성의 기본이었습니다. 그는 의혹에 대해서든 확신에 대해서든 똑같이 정직했습니다. 하느님 현존에 대한 자신의 견해를 자유롭게 표현하는 성실한 그리스도교 신자였습니다. 그가 그리스도교 진리에 대한 확신과 실존주의적이고 인간적인 진솔한 모습을 보여 준 덕분에, 믿음이 없고 의심 많은 사람들도

---

10 같은 책, 70.

복음을 받아들이게 되었습니다. 꾸미거나 의도하지 않은 성실함으로 인해 그의 신앙과 신념은 파급효과가 컸습니다.

이 점은 매우 중요합니다. '믿을 수 없는 것을 믿기 위하여' 의식적으로 영적 희생에 힘쓰는 사람들이 있습니다. 그들은 교회의 권위에 무조건 복종하거나, 성경의 진리를 '의심 없이' 믿습니다. 마음속에서 떠오르는 일말의 의혹은 무시합니다. 이것은 헨리 나웬의 길이 아니었습니다. 그는 아무 의심 없이 신앙을 받아들이기보다는, 교의의 핵심과 요점을 간추리고 그리스도인 신앙의 본질에 다시 초점을 맞추면서 진지하게 복음을 받아들였습니다. 지나가는 말로 헨리에게 정통 신앙에 대해 물어본 적이 있는데, 그는 내 말을 자르면서 "사도신경을 믿는다면 당신은 정통 신앙을 가진 사람입니다. 그걸로 끝!" 하고 대답했습니다. 명쾌한 태도였습니다. 그는 정통 신앙에 그다지 비중을 두고 있지 않은 것 같았습니다. 성실한 사제이지만 교회사나 교의를 옹호하고 전파하는 데 몰두하지는 않았습니다. 그런 것들은 에너지 낭비라고 내게 말한 적도 있습니다.

오히려 헨리는 그 누구보다 제2차 바티칸 공의회의 정신을 잘 구현하는 사람이었습니다. 언제나 예수를 자기 중심에 모셨고, 전통 교의나 규율의 적용에 관해 솔직한 입장을 표명했습니다. 전통 교의와 규율 가운데 일부만이 현대 신자들에게 적용된다는 것이 그의 견해였습니다. 그에게 있어 참된 신앙은, 초대교회 신자들이 받아들인 것과 같이 창조적이고 의식적인 신앙이어야 합니다. 자유와 제약은 둘 다 똑같이 중요합니다. 마리아에 관한 그의 글을 살펴보겠습니다.

> 하느님의 어머니이시며 우리의 어머니이신 마리아에 대해 말할 때는 매우 단순하고 솔직해야 합니다. 사실 나는 최근에야 비로소 마

리아께 친근함을 느끼게 되었음을 고백합니다. 금년 성주간 동안, 나는 네덜란드의 한 트라피스트 수도원에 머물고 있었습니다. 그곳에서 나는 예수의 죽음과 부활을 살아야 한다는 것을, 그러나 나 혼자서는 할 수 없다는 것을 깨달았습니다. 혼자서 하려는 것은 파멸을 재촉할 따름입니다.

내가 트라피스트 수도원으로 떠나기 전에, 한 친구가 나에게 성모 칠고(七苦) 묵주를 주었습니다. 솔직히 나는 그때까지 성모 칠고가 뭔지도 몰랐습니다. 일곱 가지 고통에 대해서 나는 처음으로 알게 되었고, 당신 아드님께 진정으로 충실할 수 있는 길을 보여 주시기 위해 성모 마리아가 내게 이 묵주를 보내셨음을 알았습니다. '슬픔의 어머니' 마리아는 내가 예수께 "당신과 함께 죽고 당신과 함께 부활하게 해 주십시오"라고 청할 때, 내 옆에 계셨습니다. 이제껏 내가 하느님의 자녀가 되는 데 방해가 되어 온 사물과 사람들로부터 나 자신을 해방시키고자 할 때, 마리아는 내 옆에 계셨습니다. '훌륭한 사제'로서 정열적으로 사는 데 게을러지려 할 때, 마리아는 내 옆에 계셨습니다. 세상에서 잊혀지고 하느님께만 드러남으로써 예수와 함께 부활하여 새 생명을 얻게 해 주십사고 간청할 때, 마리아는 내 옆에 계셨습니다. 내 육신의 모든 욕망을 거슬러, 십자가에 못 박히고 부활하신 주님 외에는 아무도 알고 싶지 않을 때, 내 존재를 온전히 주님께 바치고자 할 때, 마리아는 내 옆에 계셨습니다.[11]

---

11 Henri Nouwen, *Jesus and Mary: Finding Our Sacred Center* (Cincinnati, Ohio: St. Anthony Messenger Press 1993) 9-10.

헨리는 전통적인 가톨릭교회의 영적 이미지의 핵심인 '묵주'와 '일곱 가지 고통'과 '슬픔의 어머니'를 말하고 있습니다. 그때까지는 그다지 친숙하지 않았다고 고백했듯이, '고통의 성모 마리아 기념일'(9월 15일) 말고도 마리아의 일곱 가지 고통에 대해 묵상하는 가톨릭교회의 오래된 축일들이 있음을 그는 새롭게 알게 되었습니다. 14세기에는 이런 중세 축일 전례를 위한 시가 만들어지기도 했습니다. '(십자가 아래에) 서 계신 어머니'를 가리키는 라틴어 제목의 시 「슬픔의 어머니」Stabat Mater는 널리 알려졌습니다. 이 「슬픔의 어머니」는 수세기에 걸쳐 여러 차례 전례음악으로 만들어지기도 했습니다.

앞서 고백한 것처럼 처음에 헨리는 성모 신심이 그다지 깊지 않았습니다. 그때는 성모 마리아에게 거의 매력을 느끼지 못했다고 합니다. 그런데 영적 위기를 겪으면서, 특별히 묵주기도를 하거나 성모 축일을 기념하지 않는데도 성모 마리아의 충실한 이미지가 묵상 중에 떠올랐습니다. 근심과 불안을 떨치려 노력하는 순간마다 성모 마리아께서 (예수께 하셨던 것처럼) 함께해 주셨다는 사실을 최근에야 깨닫게 되었습니다. 어머니 마리아는 헨리로 하여금 하느님 아버지의 자녀라는 사실을 깨닫도록 도와주셨습니다. 헨리는 마리아께 충실하지 못했음을 인정했지만, 역설적으로 마리아 공경의 과정을 우리에게 잘 보여 주고 있습니다. 앞의 짧은 글을 통해서 그는 마리아가 그 자신과 우리에게 다가오는 의미의 본질을 알려 줍니다. 그는 전통적 심신을 통해 하느님의 자녀가 되는 묵상에 이르고 있습니다. 그리고 '마리아는 내 옆에 계셨습니다'라고 다섯 번이나 반복합니다.

이것이 헨리가 전통적인 그리스도교 신앙을 대하는 방법입니다. 헨리 나웬 자신은 굳이 의도하지 않아도, 사람들은 그를 통해 제2차 바티칸 공의회가 그리스도교 신앙의 본질인 예수 그리스도, 복음, 성체성사로 돌아갔음을 알게 됩니다. 이것이 그리스도교 체험의 핵심입니다. 헨리는 이렇게 그리스도교 신앙의 핵심과 복음서의 도덕적 의미에 대한 전통적 해석을 진지하게 받아들여 자신의 영성을 이루었습니다. 스스로 신앙의 본질을 확신했기 때문에, 그는 타종교에 거부감을 느끼거나 혼란스러워하지 않았습니다.

믿음이야말로 그의 영성의 본질을 이루는 기본 요소입니다. 헨리는 무엇보다도 먼저 복음을 믿었고 복음대로 살았습니다. 그가 가르치던 대학교에서는 그리스도교의 기본 교의를 따르는 것을 시대착오적으로 여기는 분위기였기 때문에 그의 신앙은 더욱 놀라운 것이었습니다. 헨리 나웬은 확실히 사람들을 놀라게 하는 존재였습니다. 신학자나 사목자들이 헨리처럼 스스로의 생각과 감정에 솔직해진다면, 그들이 지금까지 믿어 온 진리를 의심하지 않을 수 없을 것입니다. 1963년에 『하느님께 정직한』*Honest to God*이라는 책을 펴낸 성공회 존 로빈슨John A.T. Robinson 주교가 그랬습니다. 반면에 헨리는 그리스도교의 모든 기본 진리를 고수하는 데 완전히 충실했습니다. 전통으로 전해 내려온 것이라서가 아니라 헨리 스스로 그것을 진리라고 여겼기 때문입니다.

수많은 사람이 헨리 나웬의 메시지를 받아들이게 된 이유가 거기에 있습니다. 그는 확고한 신념으로 일을 추진해 나가는 개혁가 같은 인상을 심어 주었습니다. 예수께서 율법을 지키라고 선언하시며 율법의 참된 뜻을 드러내신 것처럼, 헨리도 그리스도교의 핵심 교의를 충실히 지키면서 그 참된 의미에 도달하기 위해 새로운 시각으로 그리스도교의 전통을 바라보았습니다. 그의 접근법은 지성적이라기보다는 개인적이고 직관적인 것이었습니다. 그럼에도 불구하고 강한 설득력으로 수많은 사람을 감동시켰습니다. 자신의 실패와 약점을 인정하는 헨리의 솔직함은 사람들의 신뢰를 얻었습니다. 헨리 나웬은 복음을 의무적으로 의심 없이 받아들이지 않았습니다. 먼저 자기 스스로 복음을 참된 것으로 인정하고 나서 남들에게 전달했기 때문에, 사람들이 그리스도교의 진리를 받아들이도록 도울 수 있었던 것입니다.

신비주의를 넘어

일반적으로 영성 지도자에게 그리스도교 신비주의는 중요한 주제이지만, 헨리 나웬은 그리스도교의 위대한 신비가들에게 거의 관심이 없었습니다. 친구인 로버트 조너스는 헨리가 십자가의 성 요한이나 아빌라의 데레사 같은 성인들에 대해 공부를 거의 하지 않았다고 말한 바 있습니다.

내가 보기에 헨리는 신비주의를 어렵게 생각하고 신비가들에게 관심이 없었던 것 같습니다. 딱 한 번 예외는 있었습니다. 프랑스에 있는 동안 그는 마르트 로뱅Marthe Robin이라는 프랑스 신비가에게 관심을 가지고 그녀가 살았던 마을을 방문했습니다.[12] 마르트 로뱅은 예수의 오상과 고통을 체험한 사람입니다. 그녀는 수십 년 동안 몸져누운 채로 성체만 받아 모시고 살았습니다. 세상의 눈으로 보면 의지가지없고 하찮은 존재였던 그녀 안에 하느님은 놀라운 방법으로 현존하셨습니다. 그녀의 신비 체험은 프랑스 영성사에 큰 영향을 미쳤습니다.

우리는 마르트 로뱅에게서 헨리 나웬이 매우 관심 있어 하는 것들을 발견합니다. 예수와 함께, 즉 엄위하신 성체와 함께 사는 것, 세상에 드러나지 않은 이들 안에 은밀히 함께하시는 하느님을 알아보는 것 등이 그것입

---

12 Henri Nouwen, *Letters to Marc about Jesus*, 67-78.

니다. 여하튼 마르트 로뱅은 예외적인 경우이고, 헨리 나웬은 신비주의 영성이나 체험에는 거의 관심이 없었습니다.

이 점에 관해 그가 하버드에서 강의하는 것을 본 적이 있습니다. 그는 영성 강좌에서 '정화의 길', '조명의 길', '일치의 길'에 대한 전통적 교의를 짧게 다루었습니다. 영적 진보를 향한 이 단계들은 금욕적 극기에서 시작하여 하느님과의 신비적 결합에까지 이릅니다. 이 가르침은 궁극적으로 폰투스의 에바그리우스Evagrius Ponticus까지 거슬러 올라갑니다.[13] 헨리의 신학교 시절 스승은 다음의 비유로 세 가지 길을 설명했습니다. "첫 단계에서 여러분은 배를 저어 갑니다. 둘째 단계에서는 바람이 배를 밀어 줍니다. 셋째 단계에서 여러분은 노를 젓고 바람은 배를 밀어 줍니다." 그때 헨리는 웃으며 손을 내저었습니다. "말도 안 돼. 여기 있는 어느 누구도 두 번째 단계에조차 이를 수 없을 거야."

신비주의적 지향으로 영성 생활을 영위하는 사람들의 삶은 평범한 일상과는 동떨어져 있다고 여겼기 때문에, 헨리는 그들에 관해 공부하는 것은 별 소용이 없다고 생각했습니다. 그래서 영성의 대가들의 삶이나 작품에는 거의 관심이 없었던 것입니다. 어떤 사람에게는 그런 대가들의 영성과 작품을 공부하는 것이 가치 있는 일이겠지만, 나웬에게는 너무 지적이고 추상적이기만 했습니다. 피부에 와 닿지 않았고, 타고난 영성가나 하느님께서 직접 뽑으신 성인들에게나 해당되는 딴 세상 이야기일 뿐이라고 생각했습니다. 영성이란 '도서관'에서나 만날 수 있는 것으로 여겼습니다.

신비주의 접근 단계를 식별하는 것보다는 겸손한 마음으로 실제로 기도하는 법을 배우는 것이 헨리에게는 더 중요했습니다. 그는 학생들을 '도서

---

[13] M. Basil Pennington, "Three Spiritual Ways", *Encyclopedic Dictionary of Religion*, 3 vols. (Washington, D.C.: Corpus Publications 1979) 3:3718.

관' 밖으로 이끌면서, 진정한 자기에 대해 생각할 것을 촉구했습니다. 이것이 바로 기도의 시작입니다. 기도는 영성 생활에서 가장 주관적이고 사적인 행위입니다. 여러모로 기도는 자신의 신앙을 돌아보고 하느님과의 진정한 일치 여부를 가늠해 보는 척도입니다. 개인적으로 헨리 나웬에게 기도는 위로이자, 일생 동안 그를 이끌어 준 심오한 계시였습니다.

기도

헨리는 영성 지도자였습니다. 기도에 대해 강의하고 설명해야 하는 것은 당연했습니다. 고통, 혼란, 소외감, 하느님과의 거리감이나 불화에 대한 해결책으로 그는 자신 있게 기도를 제시했습니다.

 기도의 중요성을 강조하면서 기도를 모든 문제의 해결책으로 제시하는 것은 그리스도교 사목에서 가장 전형적인 태도입니다. 대부분의 가르침은 상상력이 별로 필요 없는 것들이었습니다. 가령 안전벨트를 매야 한다거나 균형 잡힌 식단으로 식사를 해야 한다고 일깨워 주는 것과 비슷했습니다. 때때로 그런 메시지들은 게으름 피우지 말고 규율을 지켜야 한다고 훈계를 늘어놓는 것만 같아 거리감이 느껴지기도 합니다. 그런데 헨리 나웬이 기도를 대하고 가르치는 태도는 달랐습니다. 완전히 독창적인 것은 아니었지만, 살아 숨 쉬는 메시지를 통해서 그는 공감과 신뢰를 불러일으켰습니다.

 헨리는 개인적으로 맺는 관계들에 큰 열정을 쏟았는데 그것은 기도 생활에서도 마찬가지였다고 생각합니다. 그의 열정에는 언제나 하느님이 함께하고 계셨습니다. 가족이나 친구들에게서 얻을 수 없었던 친밀감과 사랑을 그는 기도 안에서 추구했습니다. 하느님께서 있는 그대로의 자신을 사랑하고 받아들이신다는 것을 기도를 통해 알게 되었고 그것에 의지했습니다. 하느님께서는 마음속 비밀을 알고 계시지만 결코 내치지 않으시리라는 믿음은 기도 생활을 지탱해 주는 큰 힘이 되었습니다.

홀로 하느님과 머물 때, 한결같이 받아 주시는 하느님께 마음을 다 털어놓을 수 있다는 것을 알았습니다. 헨리는 세상에서 떨어져 나와 자신을 돌아보아야 했습니다. 공정한 재판을 해 달라고 끝없이 졸라 댐으로써, 하느님도 두려워하지 않는 재판관을 지치게 만든 복음서의 여인(루카 18,1-5 참조)처럼, 그는 오랫동안 열정적으로 기도한 끝에 결실을 얻곤 했습니다. 또 아무런 결실이 없는 경우를 결코 잊지 않았습니다. 후일 글을 쓰거나 연설을 할 때, 하느님께서 청을 들어주시지 않거나 아무것도 해 주지 않으셨을 때 자신이 느꼈던 분노를 넌지시 드러내기도 했습니다. 복음서의 여인처럼 그 역시 포기하지 않았던 것입니다.

하느님과 함께한 이런 시간들이 늘 만족스럽기만 했던 것은 아닙니다. 그는 쉽게 만족하는 사람이 아니었을뿐더러 늘 압박과 불안을 느끼는 사람이었기 때문입니다. 그럼에도 불구하고 그런 성향을 바탕으로 하느님을 깊이 신뢰하는 사람이었습니다. 하느님을 깊이 신뢰했기에 자신감을 가지고 그리스도교의 영성을 재해석할 수 있었던 것입니다.

헨리 나웬이 기도를 통해 하느님을 어떻게 생각하고, 또 무엇을 체험했는지 알고 싶은 사람들에게 나는 웬디 그리어Wendy Greer가 엮은 『가장 필요한 것』*The Only Necessary Thing*이라는 책을 추천하고 싶습니다. 덧붙이고 싶은 것은 기도에 관한 나웬의 생각과 가르침에 흥미로운 발전이 있었다는 사실입니다. 그 발전은 오랜 세월에 걸쳐 진행되었는데, 영성 지도자로서 점점 더 성숙하면서 많은 경험을 통해 더욱 자신감을 얻게 되었음을 보여 줍니다.

어린 시절부터 헨리는 기도를 의무나 과제로 여기기보다는 개인적으로 하느님과 접촉하고 성장할 수 있는 기회로 여겼습니다. 심리학을 공부하고 사목 상담을 해 나가면서, 기도에 대한 그의 생각은 조화롭게 보완되었습니다. 그 시절 나웬에게 기도는 자각과 심리적 성장의 한 방법이었습니다. 그는 마르틴 부버Martin Buber의 고전적 저서, 『나와 너』I and Thou[14]에 잘 드러나 있는 특별한 관계의 모습을 알게 되었습니다.

토마스 머튼을 접하면서 헨리 나웬에게는 또 다른 변화가 일어납니다. 머튼은 그에게 매력적인 관상의 세계를 보여 주었고, 새로운 눈으로 하느님과 세상을 보도록 이끌어 주었습니다. 머튼의 제시한 새로운 길은 예술적 감수성, 기도, 심리학을 몽땅 아우른 것이었습니다. 헨리 나웬이 영적 구도의 길을 따르고 싶어 하거나 수준 높은 영성 생활을 원한 때가 있었다면, 아마도 시토회와 토마스 머튼의 작품에 매료되었던 때일 것입니다.

헨리는 프로이트파 심리학자로 후일 수도승이 되어 토마스 머튼에게 수련을 받은 요한 에우데스 밤베르거John Eudes Bamberger 아빠스의 지도하에 수도원 피정을 하기도 했습니다. 그때 그는 높은 곳을 향하는 길이야말로 더 낮아지는 길이라는 사실을 깨달았습니다. 수도원에서 그는 육체노동, 뼈저린 고독, 그리고 숱한 개인적 문제에 부닥쳤습니다. 그리고 이 모든 것을 기도와 따로 떼어 생각할 수 없음을 깨닫게 됩니다. 요한 에우데스 아빠스는 분심과 정신 집중에 대해 충분히 설명해 주었는데, 당시에 그는 토마스 머튼의 미완성 과제 하나를 구체적으로 진행시키고 있었습니다.

머튼은 미국에서 선禪을 공부한 최초의 수도승이자, 초기 사막 교부들 사이에 피어났던 선과 유사한 영성을 고찰하면서 선과 동양의 여타 명상

---

14 Martin Buber, *I and Thou*, ed. and trans. Walter Kaufmann (New York: Simon & Schuster 1970/1996).

수행법과 철학을 넘어선 최초의 수도승이었습니다. 머튼 자신과 헨리 나웬까지도 사로잡았음에 틀림없는 참된 구도의 길은 일찍이 사막 교부들에게도 있었습니다. 머튼이 그토록 간절히 이루고자 했던 것을 사막 교부들은 이미 성취했던 것 같습니다.

> 교부들이 추구한 것은 그리스도 안에서 그들 자신의 참 자아를 찾는 것이었다. 그러기 위해서 그들은 '세상'의 사회적 강요 아래 만들어진 거짓 자아, 형성된 자아를 완전히 거부해야 했다. 그들은 하느님께 이르는 길을 추구했다. 그 길은 미지의 길이자 자유롭게 선택한 길이다. 앞서 간 사람에게서 자세히 듣고 배울 수 있는 길이 아니다. 다른 누군가가 틀에 맞추어 정형화된 형태로 건네주는 그런 하느님이 아니라, 스스로 발견할 수 있는 하느님을 그들은 추구했다.[15]

사막 교부들은 평범한 삶에서의 관심사나 목표를 하나씩 제거하고 선禪과는 다른 그리스도교적 비움을 성취함으로써 참된 영성을 추구하는 수도 공동체를 만들었습니다. 내가 좋아하는 에메사의 에우세비우스Eusebius of Emesa의 글입니다.

> 우리는 결혼하지 않은 사람을 보고 결혼하지 않는 법을 배웠다. 어디에도 머리 누일 곳이 없는 사람을 보고 모든 물질적인 것을 미워하는 법을 배웠다. 무엇이든 소유하지 말고 이미 가진 것조차 버려

---

[15] Thomas Merton, *The Wisdom of the Desert* (New York: New Directions 1960) 5-6.

야 한다는 것을 앞서 간 사람들을 통해서 배웠다. 말이 아닌 행동으로써 우리에게 단식하는 법을 가르쳐 준 사람을 보았다.[16]

사막 교부들의 영성은 대단히 중요합니다. 헨리 나웬은 요한 에우데스 아빠스와 시토회 수도승들로부터 사막 교부들이 마음의 자유를 얻기 위해 반복했다는 특별한 기도를 배웠습니다. 이것은 후대에 와서, 마음을 집중하고 분심에서 벗어나기 위해 "주 예수 그리스도, 하느님의 아들이시여, 죄인인 저에게 자비를 베푸소서"라는 (단순한) 기도를 되풀이하는 '예수의 기도'로 잘 알려진 관상 수행입니다. 반복되는 기도문은 유혹과 분심의 파도에 흔들리지 않도록 마음을 고정시켜 주는 닻과 같은 역할을 하며, 동방 그리스도교 기도의 기본이 되었습니다. 헨리가 이 문제를 탐구하기 시작할 무렵 '예수의 기도'는, 이름 없는 러시아 농부의 일기인 『순례자의 길』 *The Way of the Pilgrim*이라는 제목의 동방교회 영적 고전을 통해 이미 널리 알려져 있었습니다.[17]

토마스 머튼은 사막 교부들의 지혜로운 전통을 다만 맛본 것에 불과합니다. 헨리의 영적 지도자였던 요한 에우데스 아빠스는, 위대한 사막 교부이며 신학자였던 폰투스의 에바그리우스에 대한 연구를 통해 머튼의 작업을 더욱 폭넓게 발전시켰습니다.[18] 헨리와 함께하던 당시에 요한 에우데스 아빠스는, 잘 알려지지 않은 이 영성의 대가의 작품을 번역하고 연구하는

---

16 E.M. Buytaert, *Eusèbe d'Emèse, Discours conservés en latin* (Louvain: Spicilegium sacrum lovaniense 26, 1953) 1:180-181.

17 R.M. French, *The Way of the Pilgrim* (New York: Seabury 1965).

18 Kallistos Ware, "Ways of Prayer and Contemplation, I. Eastern", in Bernard McGinn, John Meyendorff, Jean Leclerq, *Christian Spirituality, Origins to the Twelfth Century*, vol. 16 of World Spirituality: An Encyclopedic History of the Religious Quest (New York: Crossroad 1985) 395-415.

데 전념하고 있었습니다. 그 덕분에 헨리도, '생각이란 우리가 하느님께 초점을 맞추는 데 해가 되는 것'이라는 에바그리우스의 사상을 접하게 되었고, 자신의 저서와 기도를 통해 이 영성을 구체화시킵니다. 『제네시 일기』에서 그는 말합니다.

> 나의 지식이 기도에 도움이 되는 그만큼 장애물이 되고 있다는 느낌이 강하게 든다. 기도를 하면서 통찰력을 구하지 않거나 내면에서 나 자신과 질긴 싸움을 벌이지 않기란 힘든 일이다. 생각이 떠오를 때면 어떻게 하면 이것을 강의나 책에서 활용할 수 있을까 고심하는 나 자신을 발견한다. 그러다 보면 이내 하느님과 멀어지고 나 자신의 일에 사로잡히게 된다. 어쩌면 그렇기 때문에 '예수의 기도'가 나에게 그토록 유익한지도 모르겠다. 러시아 농부가 그랬듯이 그저 "주 예수 그리스도여, 저에게 자비를 베푸소서"를 백 번, 천 번, 만 번 되뇌고 있노라면 마음이 서서히 맑아지고 하느님께 어느 정도 나를 놓아 드릴 수 있게 된다.[19]

헨리 나웬이 수도원에 머물던 시기는 그의 전 생애에서 가장 열정적으로 기도라는 문제에 전념한 시기이자, 기도 생활의 일부인 정신과 감정의 문제에 전념한 시기였습니다. 새로운 차원으로 자신의 무능력과 상처를 직면하게 된 수도원 체험을 통해 그는 변화했고, 이때의 체험은 오랫동안 그의 마음속에 남아 있게 됩니다.

한동안 그는 세상 안에서 수도승으로 살고자 했습니다. 소박한 옷을 입

---

[19] Henri Nouwen, *The Genesee Diary: Report from a Trappist Monastery* (New York: Doubleday 1976) 104.

고, 어디에 있든지 시간경을 바치고, 예수의 기도를 바치고, 공동 식사를 했습니다. 손님이 찾아오면 정해진 시간에 손님에게 함께 기도를 바치자고 권했습니다.

라틴아메리카에 있을 때나, 하버드에 있을 때나, 라르슈에 있을 때나 그는 한결같이 기도에 충실하고 검소함을 유지하기 위해 노력했습니다. 그러면서도 자신의 기도 방법이나 삶의 태도에 결코 만족하지 못했습니다. 한 번은 마더 데레사와 이야기 나눌 기회가 있었는데, 그분의 조언은 헨리에게 오래도록 큰 영향을 미쳤습니다. 마치 젊은 제자가 나이 든 수도승에게 '한 말씀'을 청하던 사막 교부 일화와도 비슷한 장면이었습니다. 당시를 회상하며 그는 말합니다.

> 꽤 오래전에 나는 콜카타의 마더 데레사와 만날 기회가 있었습니다. 그때 나는 여러 문제로 고심하고 있었기 때문에 그분의 조언을 듣고 싶었습니다. 나는 자리에 앉자마자 내 문제와 어려움을 자세히 설명하기 시작했습니다. 모든 상황이 얼마나 뒤엉켜 있는지 그분에게 이해시키고 싶었습니다. 10분 동안 장황하게 설명하고 나서 마침내 할 말이 없어지자, 마더 데레사는 나에게 조용히 말했습니다. "매일 한 시간 동안 주님을 흠숭하고, 잘못되었다고 생각하는 일은 절대로 하지 마세요. … 그러면 좋아질 것입니다."
>
> 이 말을 듣는 순간, 커다랗게 부풀어 오른 '자기 불만'이라는 나의 풍선을 그분이 터뜨려 버렸음을, 그리고 진정한 치유의 길을 제시해 주었음을 깨달았습니다. 사실 나는 그분의 대답에 너무 놀라서 더 이상 대화를 계속하고 싶은 마음도, 그럴 필요성도 느끼지 못했습니다. 밖에서 기다리는 저 많은 사람에게 그분은 더욱 절실

했습니다. 나는 감사의 인사를 하고 자리를 떠났습니다. 그리고 그분의 말씀은 내 마음과 정신에 여전히 남아 있습니다. 솔직하고 단순한 몇 마디가 내 존재의 중심을 관통했습니다. 그 말씀을 일생 동안 실천해야 한다는 것을 나는 알고 있습니다.[20]

이 만남은 헨리의 인생에서 많은 열매를 맺게 해 주었습니다. 그는 실제로 기도를 하는 것이 기도에 대해 말하거나 글을 쓰는 것보다 훨씬 더 중요하다는 사실을 깨달을 필요가 있었습니다. 또 공동체에서 사는 것이 공동체에 대해 말하거나 글을 쓰는 것보다 훨씬 더 중요하다는 사실도 상기할 필요가 있었습니다. 수준 높은 영성을 다른 이들에게 전달하고 글로 쓰는 것이 그의 일이었으나, 실제로 이것을 살아 내기란 너무나 어려운 일이었습니다. 그럼에도 불구하고 그는 마더 데레사의 조언을 받아들였고, 매일 하루에 최소한 한 시간씩 기도하려고 노력했습니다. 또 매일 미사를 봉헌했습니다. 그렇게 그는 라르슈에서 규칙적인 생활을 하면서, 그토록 찾고자 했던 평화를 얻었습니다. 하버드를 떠나고 몇 년 후에 그를 만나러 라르슈에 갔을 때, 나는 그가 정말로 달라졌다는 느낌을 받았습니다.

헨리의 기도 여정의 마지막 한 단계가 남아 있습니다. 영성 생활에서는 이전에 배운 어떤 것을 잊거나 버려야만 하는 상황이 종종 있습니다. 수십 년 동안 (어쩌면 일생 동안) 기도해 온 헨리였지만, 라르슈에서의 삶을 통해 다시 한 번 단순하고도 강렬하게 기도를 체험했습니다. 장애인과 봉사자들과 라르슈에서 함께 기도하는 동안, 오랫동안 학교에서 가르친 영성, 수도원에서 배운 하느님, 책에서 배운 학식이 점점 하찮은 것들이 되어 버

---

20 Henri Nouwen, *Here and Now: Living in the Spirit* (New York: Crossroad 1994) 88.

렸습니다. 모두가 머릿속에만 존재하는 것들이었습니다. 라르슈에서 그는 머리로 살아 내는 것이 아니라 가슴으로 사는 법을 배웠습니다. 가슴을 가진 사람이면 누구나 기도할 수 있습니다. 장애인들이 그려서 벽에 걸어 놓은 십자가나 별은 헨리 나웬의 책에 들어 있는 기도만큼 훌륭합니다.

오랜 세월 익혀 온 기도문을 버리는 것, 단순한 사람들과 단순한 삶으로 눈길을 돌리는 것이 헨리 나웬의 길고 풍요로운 여정의 마지막 단계였습니다. 그 마지막 단계에서 기도는 '예수의 기도'가 알려 주는 것처럼, 숨 쉬는 것과 따로 생각할 수조차 없는, 삶 그 자체가 되었습니다. 헨리 나웬에게는 분명 그랬습니다.

그는 이 마지막 목적지에 다다랐습니다. 비록 완덕을 이루거나 모든 것에 통달하지는 못했습니다. 다만 기도에 대해 새롭게 배우고 버림으로써 헨리는 본연의 모습을 되찾았습니다. 네덜란드에서 죽음에 임박했을 때, 그는 이렇게 말했습니다. "곧 죽을 것이라고 생각하지는 않습니다. 하지만 만약 죽는다면 모두에게 고마웠다고 말하고 싶습니다."

그날 밤 헨리는 죽었습니다. 대단히 충격적이지는 않았던 것 같습니다. 지난 몇 년간 그는 거의 죽을 뻔한 적이 두 번 있었습니다. 한 번은 사고였고 한 번은 병 때문이었습니다.[21] 건강을 돌보라는 내 권유에 헨리는 대답했습니다. "나는 이미 늙었어요. 더 이상 아무것도 바라지 않습니다."

나는 그가 힘을 다 써 버렸다고 생각합니다. 결국 일을 하다가 죽음을 맞이한 것입니다. 안식년에도 많은 사람을 만나고, 과제를 수행하고, 글을 쓰면서 자신을 혹사했습니다. 너무나 열정적인 삶으로 스스로를 태워 버렸습니다.

---

21 Henri Nouwen, *Beyond the Mirror* (New York: Crossroad 1990).

안식년에 헨리를 방문했을 때, 그가 앉아서 작업하던 책상 위에 작은 초가 타고 있는 것을 보았습니다. 지금도 그 초가 자주 생각납니다. 나는 그 초에서 헨리의 모습을 보았습니다. 헨리 나웬은 빛을 내어 줌으로써 결국 자신은 다 타 버리고 만 커다란 촛불 같았습니다. 그는 내가 만난 가장 매혹적이고 소중한 사람 가운데 하나였습니다. 그는 놀라운 카리스마를 지니고 저 높이 비상한 사람입니다. 불타는 떨기나무로부터 유래하여 성령 강림날 시작된 불과 성령에 의해 정화된 사람입니다. 그는 하느님의 천사와 함께 날았던 네덜란드 사람입니다.

헨리 나웬의 삶은 하느님 현존의 표징이며 장차 임하실 위대함의 표징으로서, 초기 그리스도인들이 세례자 요한을 평가한 것과 같은 방법으로 평가되어야 합니다.

■■■ 맺으며

감사하는 마음으로 이 책을 마무리하려 합니다. 헨리 나웬의 삶에서 발견된 모순들을 완전히 설명할 수는 없을 것입니다. 그 대부분은 놀랍고도 진실한 그의 참모습이기도 합니다. 어쨌든 나는 이 시점에서 더 이상 헨리가 불안하거나 혼란스러운 모습으로만 비치지 않기를 바랍니다. 이 책을 쓰는 동안 나는 참으로 많은 것을 배웠고, 여러분도 그러셨기를 바랍니다.

헨리 나웬의 유산이 새로운 국면을 맞이하는 것 같습니다. 그를 떠나보냈을 때만큼 슬퍼한 적이 일찍이 없었습니다만, 차츰 슬픔이 가라앉으면서 사람들이 헨리에게 보내는 찬사들에 놀라고 감격하지 않을 수 없었습니다. 그러면서 몇몇 의문을 파고들어야겠다고 마음먹었습니다. 헨리의 장례식에서 동생 로렌트에게, 형에게서 많은 것을 배웠다고 말하자 그는 대답했습니다. "당신과 함께했던 형의 과업은 이제 끝났군요. 형이 당신에게 전한 것들을 계속 실천하시면서 다가올 날들에 감사하시기 바랍니다." 친절한 대답이었지만 로렌트는 틀렸습니다. 나와 함께한 헨리의 과업은 아직 끝나지 않았습니다. 지금 이 순간도 나는 그에게서 배우고 있기 때문입니다. 끝났다는 느낌은 잠시였을 뿐입니다.

이 책을 통해 몇몇 의문에 답을 제공했다고 생각하지만 또 그만큼 많은 의문을 불러오게 될지도 모르겠습니다. 내가 그린 헨리의 모습이 어떤 사람들에게는 또 다른 논란의 여지를 제공할 수 있습니다. 만일 그렇게 된다면, 나의 의도대로 되는 것입니다. 헨리 나웬의 유산을 물려받아 그것을 널리 퍼뜨리기 위해서, 우리는 의문과 해답을 통해 헨리의 인격과 그의 메시지가 전하는 본질을 이해해야 합니다. 그리고 메시지를 이해함으로써 그것이 어떻게 복음과 어우러지는가를 살펴볼 필요가 있습니다. 또 헨리가 새롭게 해석한 신약성경의 몇 장면이 합리적이고 적절한지도 의문을 가져 보아야 합니다.

언제 어디에나 변화와 발전은 존재합니다. 성체성사의 두 주역인 빵과 포도주에는 공통점이 있는데, 둘 다 누룩으로 부풀려 변하게 할 수 있다는 점입니다. 복음 안에 있는 누룩도 헨리 같은 사람들에 의해 살아나고 자라서 변화를 이루어 냅니다. 헨리 나웬의 메시지는 지금보다 더 멀리 퍼져 나가야 합니다. 더 많은 사람에게 전해져야 하고, 이미 전해진 마음속에도 더욱 깊이 스며들어야 합니다. 물론 시간을 두고 좀 더 기도하며 논의해야 할 문제도 있습니다. 어쩌면 이 책은 또 다른 논쟁을 낳게 될지도 모르겠습니다. 헨리 나웬이라는 사람의 메시지가 궁극적으로 우리를 어디로 이끌지는 아직도 알 수 없습니다.

헨리 나웬의 삶과 심리와 메시지를 전하면서, 내가 그를 '변호'하지 않았기를 바랍니다. 헨리의 영성은 분석하기보다는 선물로 즐겨야 합니다. 나는 결코 헨리의 감추인 약점(feet of clay)을 파헤치려 한 것이 아닙니다. 구약성경의 이미지(다니 2,33 참조) 대신에 신약성경의 '질그릇에 담긴 보물'(2코린

4,7 참조)의 이미지를 상기시키고 싶었을 따름입니다. 그는 하느님의 사람이었지만 인간적인 약점도 잔뜩 가지고 있었습니다. 그토록 다채롭고 열정적인 인간성과 하느님의 영감을 완전히 결합시킨 사람을 찾아보기란 쉬운 일이 아닙니다. 그는 질그릇에 담긴 보물이며, 하느님은 그에게 축복을 가득 내려 주셨습니다.

이 책을 마무리할 즈음 겨울이 되었습니다. 바깥 풍경은 온통 새하얗거나 이따금 회색입니다. 군데군데 검은 점과 선들이 보입니다. 하늘은 퍽 낮아졌습니다. 나는 바깥출입 없이 집 안에서 따뜻한 난롯불을 쬐며 앉아 있습니다. 글을 쓰며 나는 헨리를 생각하고, 그가 우리에게 전해 준 것들을 생각합니다. 또 세상 곳곳에 살고 있는 헨리의 친구들과 독자들을 생각합니다. 헨리 나웬의 아름답고 풍요로운 유산을 우리는 모두 함께 누리고 있습니다.

장작 난로 선반 위에는 최근에 도착한 카드들이 있습니다. 헨리와 알고 지내던 사람들이 보낸 것도 있는데, 내 친구이며 헨리의 친구이기도 한 주타 에이어Jutta Ayer가 보낸 것이 가장 아름답습니다. 손으로 만든 카드에는 그녀가 '새벽' 공동체에서 직접 찍은 듯한 해바라기 사진이 있습니다. 해바라기 꽃잎은 기도하듯 고개 숙인 채 하얀 눈으로 만든 왕관을 쓰고 있습니다. 잠들어 있는 성령이 곧 깨어날 것만 같습니다. 사진 밑에는 주타가 연필로 쓴 글이 보입니다.

    … 그리고 웃는 얼굴 위에
    봄의 꿈을 입고
    들판에서 잠자고 있는
    겨울

해바라기가 불침번을 서는 그 땅에 헨리 나웬은 잠들어 있습니다. 더 이상 우리와 함께 걷지는 못하지만, 땅에 떨어진 씨앗과 같이 그도 봄을 기다리며 또 수확의 그날을 기다리고 있습니다.

■■■ 옮기고 나서

우연한 기회에 이 책을 만났습니다. 헨리 나웬 신부는 유명한 작가이다 보니 출판된 책이 많지만, 그동안 단편적으로 접했던 것만으로는 무언가 부족한 느낌이었습니다. 전통적인 가톨릭과는 왠지 조금 다르다는 의혹을 가지기도 했습니다. 그런데 이 책을 통해 그간 헨리 나웬에게 가졌던 의문에 대한 답을 얻었다고 할 수 있겠습니다.

저자가 말했듯 이 책은 연대기적 전기가 아닌 영적 전기입니다. 이 책을 읽고 나서 나웬의 다른 책들을 다시 읽어 본다면 전에는 이해할 수 없었던 부분들이 명확해질 것입니다.

 이 책을 번역하면서 많이 배웠습니다. 순진한 소년의 모습을 한 헨리 나웬을 통해 모든 사람은 각자 하느님께서 빚어 주신 원래 모습이 있음을 배웠습니다. 나와 다르다고 틀린 것이 아니라 각자의 개성일 따름입니다. 모든 사람은 단점과 약점을 지니고 있고, 하느님은 그 단점과 약점을 어루만

지시며 우리의 장점을 통해 좋은 일을 하고 계십니다. 헨리 나웬과 같은 영성의 대가가 우리처럼 약점이 많았고 성격에서도 모순된 점이 있었다는 사실이 놀라우면서 한편으로는 위안이 되기도 합니다.

  이 책은 헨리 나웬에 대한 그 어떤 전기보다 훌륭한 책이라고 생각합니다. 있는 그대로의 그의 모습을 가장 솔직하게 드러내 주는 책이 아닐까 싶습니다. 이 책을 통해 독자들이 헨리 나웬의 크나큰 영성을 더 잘 받아들이고 이해하게 되기를 바랍니다.

언제나 든든한 응원을 보내 주시는 어머니께 감사드립니다. 교정과 윤문을 도와준 세실리아와 옆에서 힘이 되어 준 데레사에게도 감사를 전합니다. 이 책을 내도록 허락해 준 분도출판사에도 감사드립니다.

우리 모두 헨리 나웬 신부처럼 우리 자신이 됨으로써 자기 안에 있는 하느님을 만나게 되기를 기원합니다.

2008년 겨울
서한규